Joachim Siegerist

Das muß noch gesagt werden

Joachim Siegerist

Das muß noch gesagt werden

Herausgeber:
WPR Wirtschafts- und Verbands-PR GmbH
Dezember 2021

1. Auflage Dezember 2021

WPR Wirtschafts- und Verbands-PR GmbH
Beethovenstraße 60 – 22083 Hamburg
Telefon: 040 – 298 10 390 – Telefax: 040 – 298 22 240

Druck:
SZ-Druck & Verlagsservice GmbH
Urbacher Straße 10, 53842 Troisdorf

Gestaltung des Umschlags:
Murat Temeltas

ISBN: 978-3-910087-25-5

Inhalt

Widmung	10
Vorwort von Pfarrer Winfried Pietrek	11
Wer nicht an Wunder glaubt, der ist kein Realist	13
Beruf – Gehaßt .... geliebt	15
Weiße Haut und die Wurzelbürste	17
Politiker ohne Beruf	19
Schlafwandler leben gefährlich	21
Quatsch mit vielen Gläubigen	22
Er versteckte seinen Reichtum	24
Ooooooorsula – hert nitt	26
Die Zeit im Sauseschritt	28
Die Nervensäge Brums	30
Der „Antisemit“ Siegerist	32
Als Kaffee noch teurer Luxus war	34
Wie war das mit den Hindus, Buddhisten, Moslems und Christen?	36
Da drückte der Herrgott ein Auge zu	42
Und schlägt der A .... auch Falten	44
Truuuude und die Taliban	46

Die Rache der „heiligen“ Maria 48
Ein Berg Mist 50
Wo möchten Sie am liebsten leben? 51
Wer war schlimmer – Hitler oder Stalin? 53
Das wurde aus Lotto-Millionären 55
Rechts – ein Mühlstein um den Hals 57
Meine Anna und die Zwillinge 59
Vielleicht bald chinesisch 61
Schuhcreme und der „heilige Geist“ 63
Linke Medien-Mafia – CDU/CSU haben selber schuld 65
Zwei unvergeßliche Erlebnisse 68
Mama Handruschka und ihr MG 71
AfD – Bis zur wirtschaftlichen Vernichtung 72
Das aki und die Pharaonen 74
Das Flaschen-Klauer-Trio 76
Kleber – der Superagent 77
Da kommt kein Computer mit 79
Eine Horror-Vorstellung für Fotografen 81
Die alte Dame, der Spargel und eine schlechte Lüge 83

Auf die Köppe gepinkelt 85

Das Kreuz mit dem Essen
und der Religion 87

An gebrochenem Herzen gestorben 89

6 Richtige im Lotto 91

Ein Federbett – das ist ein Schatz 93

Die Brille und ein rohes Ei 95

Woher hat der liebe Gott den Tabak? 97

Ich liebte diese kleine Wohnung 99

Das erste Loch in der Mauer 101

Sing Frau Urzel ein Lied! 103

Du bist dick – und Du bist doof 104

So war Mehmet 106

Das Ännchen von Tharau und der Spieler 108

„Ne Brat mit Curry“ 110

Fanatismus bei Christen 112

Was aus unseren jungen Leuten wurde 113

Eine prima Truppe 115

Kaloderma, Kaloderma! 117

Suppenhuhn statt Adler 118

Deine Brille hat nen Sprung 120

Sie kam vom Suff nicht los 122

Die Ängste einer Mutter 124
Er fraß die „Bröte“ doppelt 126
Nigger und Käsekuchen 129
Ein Königreich geht unter 131
Das Essen als Schlüsselkind 133
War das wirklich nur Hokuspokus? 135
Zurück aus Auschwitz 137
Das ging fast daneben 138
In den Brotbeutel gepinkelt 140
Unsere Nationalhymne 142
Darf man in Ausnahmen lügen? 143
Bis daß der Tod euch scheidet 145
Das war der Knadder-Boxen-Junge 147
Nirgendwo fand ich es schöner 149
Hardenberg-Schule in Kiel 150
Die Frau kostet Nerven 151
Zwei verbeulte Nachttöpfe 153
Was sagen Polit-Strolche ihren Kindern? 154
Ich kann mit der Krankheit leben 156
Der schönste Beruf der Welt 157
Das Besoffensein hatte einen Vorteil 159

Heimat verloren und nicht gern gesehen 160
Jeder bekam sein Fett weg 162
Es gibt medizinische Wunder 164
Da weinte Renate vor Rührung 166
Das waren Fehler 168
So ist mein Freund Odisejs 170
Die Scheinheiligen 173
Er wollte doch nur Frau Holle spielen 175
Es sieht traurig aus 176
In dieser Bruchbude war ich Gott näher 178
Ich hau Dir den Kopp ab 180
Dieser Brief rettete Leben 182

Ich widme dieses Buch den vielen Förderern
meiner sozialen und politischen Tätigkeit.
Ohne die Opferbereitschaft wäre diese Arbeit
gar nicht möglich.

Mit Dankbarkeit
Joachim Siegerist

Vorwort von Pfarrer Winfried Pietrek

Joachim, dies Buch macht Deinem Namen alle Ehre. Dein Name bedeutet, aus dem Hebräischen übersetzt: „Gott läßt einen Sohn erstehen". Ohne eine fromme Abhandlung zu sein, setzt Dein Buch deutliche Akzente für ihn. Dein Name ist ein alter Symbol-Name, um den einzigen Großvater Jesu zu charakterisieren, den Vater der Jungfrau Maria.

Joachim hat Maria stark geprägt, sonst hätte sie keine so wunderbar große Vorstellung von Gott, dem Vater. Ihm vertraut sie immer, so daß er ihr seinen einzigen Sohn anvertrauen kann.

Auch Du, Joachim, hast einen starken und lebensnahen Gottesglauben, was in Deinem neuesten Buch deutlich wird. Sonst könntest Du gar nicht alle die Kämpfe und Gefechte bestehen, die Du täglich auf Dich nimmst und in den folgenden Kurzberichten beschreibst: als Fahnenträger der Deutschen Konservativen.

Du bist eine Kämpfer-Natur. Der Kampfeswille liegt von Kindesbeinen an in Dir. Du liebst ihn geradezu. Wie viele Bücher hast Du deshalb schon geschrieben – aus Liebe zu einem christlichen Deutschland – und jetzt wieder eines? Zugleich aber bist Du – wie ein großes Kind, ein großer Junge – aufgeschlossen für immer neue Überraschungen und Abenteuer. Daher auch Deine Liebe zu Kindern. Ihr Lachen durchzieht dieses Buch.

Uns alle nimmst Du mit hinein in den Kampf für ein christliches Deutschland. So danken wir Dir, daß Du Dir – mitten im Wahlkampf 2021 – Zeit genommen hast, uns ein neues Buch zu präsentieren und so Zuversicht zu verbreiten. Bleibe ein Kämpfer, Joachim, und ein großer Junge! Bewahre Deine Liebe zum irdischen und zum himmlischen Vaterland!

Das wünscht Dir Dein Freund Winfried Pietrek

Wer nicht an Wunder glaubt, der ist kein Realist

Cordula war eine Kämpfer-Natur. Eine Mama mit enormer Kraft. Vier Kinder. Zwei Jungs, zwei Mädchen. 7 bis 13 Jahre alt. Bei einem Betriebsunfall am Hochofen war der Ehemann ums Leben gekommen. Sie arbeitete als Dolmetscherin und gab nach Feierabend Nachhilfe-Unterricht.

Die Kinder sollten nichts entbehren. Klavier-Unterricht für alle vier. Sportverein. Im Sommer Schullandheim für die Kinder. Kein Ehemann und kein Vater. Trotzdem eine glückliche Familie. „Hoffentlich bleibe ich gesund", sagte Cordula einer Freundin. Regelmäßige Vorsorge-Untersuchungen. Dafür nahm sie sich nicht die Zeit. Es fing mit geringem Schmerz in der linken Brust an. „Krebs" diagnostizierte der Frauenarzt.

Die Medizin ist auf dem Gebiet Krebs weit fortgeschritten. Früher war die Diagnose Krebs häufig auch das Todesurteil. Heute: Weit mehr als die Hälfte wird dauerhaft geheilt. Aber Cordulas Krebs hatte schon gestreut. „Ich schaffe das" – sagte Cordula. „Ich kann kämpfen – und meine Kinder brauchen mich".

Bestrahlung, Chemo – Cordula jammerte nie. Die Ärzte rechneten nur mit höchstens 6 Monaten. Cordula war gläubig. Immer wieder bat sie Gott um Hilfe. Hilfe, die die Ärzte nicht mehr geben konnten. Es gibt Wunder. Nachbarn und Freunde hatten Geld gesammelt. Cordula war überzeugt davon, daß ihr ein

Besuch der Wallfahrtstätte Fatima in Portugal Hilfe bringen würde. Eine Woche.

Ja – es gibt sie. Wunder. Schon nach zwei Tagen fühlte Cordula sich so gut wie vor der Krankheit. Wieder in Deutschland Arzt-Termin. Ungläubige Gesichter bei den Ärzten. Bis auf einen kleinen Knoten in der Brust – nichts mehr zu sehen vom Krebs. Der wurde bei einem kleinen Eingriff entfernt. Wer nicht an Wunder glaubt – der ist kein Realist.

Beruf – Gehaßt .... geliebt

„Sie sind die Schande des WESER KURIER!“ schrie mich Berufsschulleiter Eggert an. Er hatte mich beim Abschreiben in meiner schwachen Seite Fachrechnen erwischt. Vor mir saß Dieter Zembski von den Bremer Nachrichten. Er zählte zu den besten Lehrlingen der Schriftsetzer und liebte den Beruf. Er konnte mich leiden, ließ mich abschreiben. Ich liebte den Beruf überhaupt nicht. Auf die Berufsausbildungs-Beratung vom Arbeitsamt hatte ich gehört: „Du hast so gute Deutschkenntnisse, ideal für einen Schriftsetzer.“ Stimmt aber nicht. Wirklich wichtig war das Fachrechnen und grafisches Entwerfen. Mein Lehrmeister Wilhelm Bosse brachte oft den Stoßseufzer hervor „Wenn ich den Jungen doch schon durch die Prüfung hätte“. Der Junge kam nach den drei Jahren Lehrzeit durch die Prüfung – und besser als erwartet.

Aber raus aus diesem Beruf – das saß fest in meinem Kopf. Ich fing an Leserbriefe zu schreiben. Im WESER KURIER, den BREMER NACHRICHTEN und der Norddeutschen Volkszeitung – und sie wurden gedruckt.

Ich fand meine Leserbriefe natürlich bedeutsamer als jeden Auslands-Kommentar. Auch wenn es sich nur um die Rettung des zerbombten Wilhadi-Kirchturms oder das Mißbrauchen des Turmbläserbrunnens als Fahrradständer am Bremer Dom handelte.

Dann Bundeswehr in Lauda im Frankenland. Hauptmann Edgar Mohr: „Sie sind ideal für die Öffentlichkeitsarbeit“. Die Fränkischen Nachrichten spielten mit. Und bald gab es auch eine eigene Kasernenzeitung. UNSER BLATT – so der Titel. Es folgte die Journalisten-Ausbildung bei der Norddeutschen Volkszeitung. Dann WESER KURIER, BILD und schließlich Chefreporter der HÖRZU. Journalist – das ist mein Traumberuf. Außer Politiker – es gibt wohl keinen vergleichbaren Beruf, in dem man so vieles bewegen kann. Den endgültigen Schritt in die Politik mit Mandat bin ich nie gegangen. Journalismus – das zählt für mich mehr.

Weiße Haut und die Wurzelbürste

33 Grad Celsius. Knallige Sonne. Aber etliche Deutsche liegen am Strand von Pattaya (Thailand). Ohne Sonnenschirm. Ihr Urlaub besteht hauptsächlich aus dem Wunsch möglichst braun zu werden. Dafür nehmen sie Hautkrebs und Kreislaufprobleme in Kauf. Die Sonnencreme kann noch so stark sein. Schutz gegen die tropische Sonne bietet sie kaum.

Ich erinnere mich noch an meinen ersten Auslands-Urlaub. 1972 war das. Jugoslawien. Palmen. Eine Attraktion für mich. Ich ließ mich noch am ersten Tag vor einer Palme fotografieren. Das Hotel an der Bucht von Kotor, nicht weit von Dubrovnik entfernt. Natürlich wollte auch ich „schön braun" werden. Ab in die Sonne. Schon am ersten Tag Sonnenbrand. 4 Tage brannte mir die „Fresse". Von da an war ich vorsichtiger beim „Sonnenbaden".

Als der Tourismus in Thailand so richtig begann, wunderten sich die Thais über die „dummen Farangs" (Ausländer); die sich ungeschützt in die Sonne legten um eine dunkle Haut zu bekommen. Dunkle Haut. Das war untere Kaste. Straßenarbeiter zum Beispiel. Dunkle Haut. Unfein. Arme Leute. Die Farangs kauften in den Apotheken Bräunungscreme, die Thais „Whitening" – eine Creme, die die dunkle Haut der Thais heller machen soll. Obendrein pudern sich etliche Thais das Gesicht weiß. Soll Sonnenstrahlen abhalten.

Meine liebe thailändische Jugendfreundin Snoopy rückte als Kind ihrer dunklen Haut mit einer Wurzelbürste zu Leibe. Bittere Tränen vergoß sie, als die Radikalbehandlung ohne Wirkung blieb.

Weiße Haut – vornehm. Bessere Gesellschaft. Reiche Thais lassen sich auf den Straßen von Angestellten begleiten, die nur für diesen einen Zweck da sind: Sonnenschirm über den Kopf der Madam oder des Herrn zu halten.

Der schwarze Sänger Michael Jackson gab ein Vermögen dafür aus, um eine weiße Haut zu bekommen. Sieht man sich Bilder von ihm an: Vorher – nachher. Als Schwarzer hatte er ein schönes, lebendiges Gesicht. Als „Weißer" eine starre Maske ohne Leben.

Deutsche Sonnenanbeter sind nur selten zu bekehren. Sie merken offenbar gar nicht, daß sie im Alter aussehen wie Lederstrumpf und faltige dunkle Haut bekommen, die sie um Jahre älter aussehen läßt.

Politiker ohne Beruf

Es werden so um die 150 Frauen und Männer der CDU/CSU gewesen sein, denen ich im Auftrag Axel Springers bei Wahlen geholfen habe – meist mit auf den Leib geschneiderten Kandidatenzeitungen. Der Inhalt: Nicht nur nackte Politik. Viel Menschliches aus dem Leben. Von Alfred Dregger bis Stoltenberg, Uwe Barschel und dem unvergessenen Franz Josef Strauß. Damals kannte ich die CDU und die CSU in- und auswendig. Positives, Negatives. Auf Kriegsfuß stand ich mit denen, die von der Politik lebten, keinen Beruf oder kein Studium hatten und alle möglichen Purzelbäume unternehmen mußten, um an der Futterkrippe zu bleiben. Davon gab es nicht wenige. Ein Großteil der Kandidaten kam aus dem öffentlichen Dienst. Handwerker oder kleine Unternehmer – die mußten mit der Taschenlampe gesucht werden. Wer kann schon vier Jahre seinen mühsam aufgebauten Betrieb so mit der linken Hand leiten? Gehälter müssen bezahlt werden. Mieten, Reklame und, und, und.

Das Mandat bringt für viele Selbständige finanzielle Verluste. Trotz der Diäten. Beispiel: DP-Vorsitzender Heinrich Hellwege. Bundesminister und niedersächsischer Ministerpräsident. Als er kein Mandat mehr hatte, stand er vor dem Nichts. Er war in der Politik so eingedeckt, daß er sich um seinen landwirtschaftlichen Betrieb nicht mehr kümmern konnte. Er mußte als Vertreter für Pflanzenschutz-Präparate durch Niedersachsen reisen. Erst Jahre später gestand ihm der Landtag eine Ministerpräsidenten-Pension zu.

Mit Heinrich Hellwege verband mich bis zu seinem Tod eine tiefe menschliche Freundschaft. Er stand auch in den schweren Jahren der Aufbauarbeit zu den Konservativen. Er machte Politik aus Überzeugung und Berufung. Politiker von seinem Schlag – die sind selten geworden.

Volle zehn Jahre diente ich Axel Springer im Wahlkampf. Als Feuerwehr für die Unionsparteien. Menschenkenntnisse – die sammelte ich reichlich.

Schlafwandler leben gefährlich

Hansi war ein freundlicher Junge, beliebt in seiner Schulklasse und bei Nachbarn. Ein Junge ohne Probleme. 14 Jahre alt. Probleme tauchten plötzlich bei einer Klassenfahrt nach Goslar in den Harz auf. Mitten in der Nacht stand er auf und ging durch die Jugendherberge. Total abwesend. Ein Mitschüler beobachtete das einige Minuten schweigend, ging langsam hinter Hansi her. Ein starres Gesicht hatte Hansi, weit aufgerissene Augen, geistesabwesend. Der Mitschüler nahm Hansi an die Hand, und er wachte auf. Er hatte überhaupt nicht gemerkt, daß er durch das Haus gegeistert war. Hansi ist mondsüchtig.

Mondsüchtige Schlafwandler sind im Tiefschlaf. Aber Teile ihres Gehirns sind noch aktiv. Einer kann Maschinen bedienen, kochen, Kleider anziehen – so als ob er wach ist. Das dauert einige Minuten an. Oft auch Heißhungerattacken. Wahlloses in sich hineinfressen. Selbst Schokolade inklusive der Verpackung. Schlafwandler leben gefährlich. Sie können die Treppe runterfallen, sich stoßen, unglücklich fallen.

Oft ist starke seelische Belastung die Ursache für die Schlafwandelei. In jedem Fall muß ein Arzt hinzugezogen werden.

Quatsch mit vielen Gläubigen

Die alte Radowski ist eine Hellseherin – sagt sie von sich selbst. Was ein enormer Vorteil ist: Je mehr man ihr zahlt, desto rosiger das Morgen. 50 Euro? „Ich sehe dunkle Wolken am Horizont“ sagt sie mit düsterer Stimme. Bei 150 Euro sieht es gut aus mit der Zukunft. Die Finanzen stehen 1 A da – und auch in der Liebe stehen alle Zeichen der Astrologie auf rosarot.

Es gibt viele Radowski-Anhänger in ihrer Heimatstadt Hamburg. Meist Frauen.

Aber auch junge Menschen gehen zur „Hexe“. Angst vor dem Abitur. Liebeskummer, Probleme mit den Eltern. Da gibt es so allerlei. Bis zu 100 Kunden pro Monat soll die Radowski haben. Wie der Zufall so spielt – manchmal kommt es mit der Zukunft so, wie von ihr vorausgesagt. Das hängt sie – logisch – an die große Glocke. Beweis ihrer großen hellseherischen Begabung.

Die Radowski kann süchtig machen. Einige Kunden kommen jeden Monatsanfang zu ihr. Mit Horoskopen fängt es an. Einstiegs-Droge. Wie bei der Hasch-Zigarette. Die Radowski ist das Heroin der „Weissagung-Hexen“.

Ob arm oder reich – bei der Kundschaft gibt es keine Unterschiede. Jeder möchte ein wenig hinter den Vorhang der Zukunft sehen.

Die Radowski ist geschäftstüchtig, eher raffgierig. Sie gibt auch einen billig kopierten Wochendienst heraus, der sich so nennt „Blick in die Zukunft".

Abgeschriebene Horoskope aus den Regenbogen-Blättern. Ein wenig aufgemotzt. Den Dienst gibt es zum „Sonderpreis". 25 Euro für ganze 12 Seiten Blödsinn.

Mit Horoskop-Süchtigen läßt sich nicht diskutieren. Sie haben eine Ersatz-Religion gefunden.

Er versteckte seinen Reichtum

Manchmal spielt das Leben ein seltsames Spiel. Da war zum Beispiel der 18jährige Holger. Sohn reicher Eltern. Papa verdiente sich dumm und dämlich mit Immobilien. Zum 18ten Geburtstag bekam Holger einen Sport-Mercedes. Glücklich war er trotzdem nicht. Ich sage es so, wie es ist: Holger war alles andere als attraktiv. Holger war häßlich. Darüber täuschten auch die sündhaft teuren Marken-Klamotten, die er trug, nicht hinweg. Täglich neue. Der Junge war kein schlechter Kerl. Er sehnte sich nach einer ehrlichen Freundschaft mit einem lieben Mädchen. Aber wenn sich da etwas abzeichnete – dann war er tief mißtrauisch. Immer der Gedanke im Kopf „Die mag nicht mich, sondern das Geld“. Der Wohlstand brachte tiefes Mißtrauen.

Das änderte sich schlagartig, als er auf einem Studentenball die gleichaltrige Sibille traf. Ein bildhübsches Mädel. Holger machte bei ihr alles anders als bei anderen Mädchen bisher. Sie war neu in der Stadt, wußte nichts von seinen Eltern. Den Sport-Mercedes hatte er in der Garage gelassen. Und lachend zeigte er auf seine teure Jacke .... „eine gute Kopie. Ein Original ist nicht bezahlbar“. Holger – trotz seiner Jugend – schon sehr gebildet – imponierte der Kleinen. Gegen Mitternacht brachte Holger das Mädchen mit der Straßenbahn nach Hause, verabschiedete sie mit einem Handkuß – und einer Verabredung für das nächste Wochenende. Unendlich lang erschienen dem jungen Kerl die sieben Tage bis zum nächsten Treff.

Blumen hatte er gekauft. Ein kleines Sträußchen Vergißmeinnicht. Sibille strahlte über das ganze Gesicht.

Es wurde ein wunderschöner Abend. Holger und Sibille waren beide Anhänger klassischer Musik – und der junge Mann wußte so ziemlich alles über die Komponisten. Sibille liebte vor allem Mozart. Das Genie der Musik – nach seinem Tod verscharrt in einem Armengrab. Holger war vernarrt in die Musik von Richard Wagner und erzählte dem Mädchen alles über dessen nicht so anständiges und glorreiches Leben. „Menschlich ein Schwein“ urteilte er hart – aber ein genialer „Zauberer der Töne, der den bayerischen König Ludwig II. in eine tiefe Finanzkrise stürzte“.

Irgendwann fragte Sibille: „Was hältst Du davon, mich Deinen Eltern vorzustellen?“ Holger war klar – damit wäre das Versteckspiel beendet.

Dann kam der Tag. Sibille ließ sich nichts anmerken, als sie an der Tür einer prächtigen Villa im besten Stadtteil der Stadt klingelte. Holgers Eltern waren von dem Mädchen sofort begeistert. Nach dem Abendessen brachte Holger sie nach Hause. Im Sport-Mercedes. Arbeiterviertel, nicht die feinste Wohngegend.

Sibilles Vater Polier auf dem Bau, die Mutter Hausfrau, gelernte Verkäuferin. Kein Wohlstand – aber zwei übergroße Herzen.

Als Holger sich verabschiedete, flüsterte ihm das Mädchen ins Ohr: „Ich würde dich auch lieben, wenn du eine arme Kirchenmaus wärst“. Nach einem Jahr verlobten sich die zwei. Tiefe Herzenswärme zählt mehr als vergängliches Äußeres.

25 Jahre sind seitdem vergangen. Vier Kinder haben die beiden – und sind ein glückliches Paar.

Oooooorsula – hert nitt

Die kleine Madam aus dem zweiten Hinterhaus in der Wiesbadener Bertramstraße formte die Händchen wie zu einem Trichter und brüllte aus Leibeskräften „Oooooorsula“ – was so viel heißen sollte wie Ursula. Fast 5 Minuten immer wieder „Oooooorsula“. Schließlich gab sie es auf und sagte traurig: „Hert nitt“ – hört nicht.

Die kleine Lena war 7 Jahre alt. Einzelkind. Spielkameraden hatte sie keine. Es gab zwar andere Kinder – aber die waren deutlich älter als Lena, wie sie hieß.

Oooooorsula arbeitete im vornehmen Hotel Nassauer Hof in der Innenstadt als Zimmermädchen, 23 Jahre alt. In ihrer Freizeit nahm sie Lena oft mit zum Baden ins Opelbad auf dem Neroberg mit, brachte ihr das Schwimmen bei. Die Eltern von Lena waren beide berufstätig, hatten nicht viel Zeit für die Tochter. Sie gaben Ursula 100 D-Mark im Monat als Danke. Der absolute Höhepunkt für Lena war eine Bootsfahrt auf dem Rhein. Strahlend und in hessischem Dialekt sagte sie dann: „Gell, mir zwa – mir fahre Schiffscher Bootscher“.

Manchmal – wenn Ursula Dienst hatte – dann lief Lena alleine zum Nassauer Hof. Die Portiers kannten sie schon und hatten das Kind ins Herz geschlossen. Fast immer sprang für Lena eine Limonade oder ein Eis raus.

Wenn Ursula dann auch noch einige Minuten Zeit für Lena hatte – sie war das glücklichste Mädchen in ganz Wiesbaden.

Dann ein schreckliches Unglück. Lenas Eltern starben bei einem Verkehrsunfall. Die Fürsorge brachte Lena in ein Kinderheim. Für das Kind brach eine Welt zusammen. Erst 7 Jahre alt – aber sie fand schnell heraus, wie sie sich aus dem Staub machen konnte. Immer wieder lief sie zu ihre „Oooooorsula" – und immer wieder holte die Fürsorge sie ab. Das Kind der berufstätigen und alleinstehenden Mutter geben? Das widersprach den Vorschriften bei Adoptionen oder Pflegeeltern.

Es war wie ein kleines Wunder. Einer der Portiers war seit langem in Ursula verliebt. Ein anständiger und fleißiger Mann. Aber schüchtern. Er unternahm mehrfach einen Anlauf, um Ursula ganz einfach zu sagen „Ich liebe Dich". Im letzten Moment verlor er immer den Mut aus Angst vor einem „Nein". Doch jetzt war die Gelegenheit gekommen, und mutig sagte er: „Laß uns heiraten! Dann nehmen wir Lena zu uns."

Und so kam es. Lena besuchte später die Hotelfachschule in Bad Reichenhall. Dann wurde sie Direktions-Assistentin im Nassauer Hof und schließlich Direktorin in einem der größten und besten Hotels in Berlin.

Manchmal besuche ich in Wiesbaden noch die Bertramstraße. Hausnummer 20. Hinterhaus. Denn dort wohnte auch meine Lieblingstante, Tante Lina, wo ich die Sommerferien verbringen durfte. Und dann stelle ich mir die kleine Lena vor „Oooooorsula. Hert nitt."

Die Zeit im Sauseschritt

Kinder, wie die Zeit vergeht! Wie oft habe ich als Kind diesen Satz bei Erwachsenen gehört – und nicht begriffen. Von November bis Weihnachten – das war eine unendlich lange Zeit. 9 Jahre. Eine Ewigkeit, bis der zehnte Geburtstag gefeiert werden konnte.

Die Zeitbegriffe waren total anders. Schon drei Tage konnten so lang sein wie eine Ewigkeit. Schnell verging die Zeit nur in den Schulferien. Ungerecht! Oma John war 1945 aus Ostpreußen geflohen. In Bremen fand sie ein neues Zuhause. Sie erzählte oft von der Flucht – so, als wenn es gestern gewesen sei. Das war 1958. 11 Jahre war ich alt. Flucht 1945 – das war für mich in grauer Vorzeit. Damals stellten viele Deutsche noch eine Kerze ins Fenster, um an die verlorene Heimat zu denken. Die Vertriebenen-Verbände hatten starkes Gewicht in der Politik, und SPD-Chef Kurt Schumacher sagte: „Verzicht ist Verrat". Da gab es noch keine politische Korrektheit oder Gut-Menschen. Das einzige Gut, dem man nachtrauerte, war das Gütlein oder Gut in Ostpreußen. Es gab in Deutschland einen starken rechten Flügel. Ohne die konservative Deutsche Partei (DP) von Heinrich Hellwege wäre Adenauer kein Kanzler geworden .... und Schumacher nannte ihn – politisch total unkorrekt – „Kanzler der Alliierten". Und heute? Kinder, wie die Zeit vergeht! Oma John ist längst in einer anderen Welt. Und die SPD – was hat die sich verändert.

75 Jahre bin ich alt. Als Kind wäre mir das vorgekommen wie ein uralter Mann. Ein buntes Leben. Mein fünfzigster Geburtstag – was das nicht gestern? Die Jahre sind wirklich vergangen wie im Flug. Heute sage ich selber diesen Satz: „Kinder, wie die Zeit vergeht!"

Die Nervensäge Brums

Er ist lästig wie eine Lokusmücke. Und er heißt Brums. Das „r“ betont er am Telefon immer besonders. „Brrums“. Entweder ruft er zur Mittagspause an – oder wenn wir eine Besprechung haben – und die Nervensäge Brums ohne Hemmung auch am Sonntag. Er hat meine private Telefonnummer. Ich Ochse. Wie konnte ich sie ihm nur geben? Die Telefonate sind lang und meist total überflüssig.

Streit mit dem Nachbarn, weil sie sich nicht auf Termine für den Wäscheboden einigen können oder Ärger mit der Treppenhausreinigung. Lappalien.

Irgendwann sagte der gutmütige Peter Helmes: „Joachim, ich kann Dir den Brums auch mal abnehmen.“ Er ahnte nicht, worauf er sich da eingelassen hatte. Am nächsten Wochenende stand Brums bei ihm vor der Haustür. Gegen 15 Uhr. Zur Tagesschau-Zeit sagte Peter: „Jetzt sollten wir Schluß machen, Herr Brums“: Um 22 Uhr sagte Brums: „Kinder, wie die Zeit vergeht!“ und verabschiedete sich. Logisch, daß sich der Brums vorher selber zum Abendessen eingeladen hatte.

Am nächsten Sonntag stand Brums wieder vor der Tür. Peter Helmes und Frau spielten tote Maus und rührten sich nicht. Als der Hund zu knurren anfing, hielt Peter ihm die Schnauze zu. Auf keinen Fall bellen.

Das ging so eine volle Stunde lang. Dann setzte Brums sich ins Auto und fuhr davon. Vorher hatte er noch einen Zettel in den Briefkasten geworfen „Schade, daß Sie nicht im Haus waren. Aber ich melde mich."

Frauen können konsequenter sein als Männer – und es war Peters Frau, die dem Brums sagte, daß er mit den Besuchen erst einmal eine Pause einlegen soll. Brums verstand den Wink.

Jetzt habe ich wieder „Brrums" am Leib. Aber er ruft nur noch einmal pro Woche an.

Schnell noch einiges zur Gerti. Eine Anhängerin aus Bayreuth. Sie meldet sich immer so am Telefon „Juuuhuuu, ich bin's, die Gerti". Gerti machte keine langen Umwege und sagte mir: „Sie sind doch immer noch unverheiratet. Ich bin die richtige Frau für Sie, ich die Gerti." Mir steht mein Sinn aber so ganz und gar nicht noch der Juuuhuuu-Gerti. Vielleicht gebe ich ihre Telefonnummer an Brums. Der ist auch noch ohne Frau.

Der „Antisemit“ Siegerist

Bevor die Friedhofsbesucher Blumen auf die Gräber legten, knickten sie die Stengel ab und legten nur die Blüten aufs Grab. Ich hatte das nie zuvor gesehen und konnte mir auch keinen Reim daraus machen. Riga in den Neunziger Jahren. Der Kommunismus war zusammengebrochen. Es fehlte an allem. Jeder versuchte zu überleben – legal, illegal. Ganz besondere „Lebenskünstler“ hatten es auf die Friedhöfe abgesehen. Sie klauten die bronzenen Namenstafeln von den Grabsteinen und den Blumenschmuck. Die geklauten Blumen verkauften sie am Eingangsportal des Friedhofes. Um das zu verhindern, wurden die Blumen abgeknickt. Wer kauft schon Schnittblumen ohne Stängel? Etliche Grabbesitzer entfernten die bronzenen Inschriften – wollten sie so aufbewahren für bessere Zeiten.

Auf allen Friedhöfen in Riga wurde gestohlen. Nur der Jüdische Friedhof blieb von den Grabräubern verschont. Simpler Grund: Juden legen keine Blumen auf die Gräber, sondern Steine. Trostlos fand ich das. Als meine liebe Fanny Kaplan starb, meine jüdische Buchhalterin, schmückte ich den Sarg mit ihren Lieblingsblumen – rote und gelbe Rosen. Brauchtum hin, Brauchtum her. Ich wollte nicht, daß meine liebe Fanny nur Steine als „Schmuck“ auf dem Sarg und dem Grab liegen hat. Ich bin sicher – Fanny hätte gesagt „Chefchen, das haben Sie gut gemacht.“

Nach der Beisetzung lud ich den Vorstand der Jüdischen Gemeinde ins Hotel de Rome zum Essen ein. Mihale Arons, der Chef: „Das mit den Blumen ist bei uns ja eigentlich nicht üblich – aber es war schön, und Fanny hätte sich gefreut."

Zwischen der Jüdischen Gemeinde und mir entwikkelte sich eine echte Freundschaft. Ich half, wo ich konnte. Beim neuen Dach für die Synagoge, beim Zaun für den Friedhof, beim Einkauf von Mehl für ungesäuerte Brote. Als der SPIEGEL Mihale Arons fragte, warum er sich offen zu mir bekennt, antwortete der alte Herr: „Den Joachim hat uns Gott geschickt". Ich hatte es nicht für möglich gehalten – aber der linke SPIEGEL druckte das. In deutschen Gazetten nennt man mich antisemitisch. Als „Antisemit" verhängte Israel ein Einreiseverbot gegen mich. Was meine gute Fanny wohl dazu gesagt hätte.

Als Kaffee noch teurer Luxus war

Ein Täßchen Kaffee trinken – das war nach dem Krieg etwas ganz Besonderes. Normal war Muckefuck, Caro Ass, ein ganz klein wenig nach echtem Bohnenkaffee schmeckender Ersatz.

Sonntag war Kaffee-Tag. Am Nachmittag. Der Tisch wurde mit dem guten Geschirr gedeckt. Frische Milch dazu. Vorzugsmilch. Der Stundenlohn eines Facharbeiters betrug 1953 nicht mehr als umgerechnet 1,14 Euro. 500 Gramm Kaffee im gleichen Jahr 14,30 Euro.

Kaffee war Luxus, Luxus, der genossen wurde. Ich durfte den Kaffee immer mit der guten alten Holzmühle mahlen und wehrte mich gegen die Anschaffung einer elektrischen Kaffeemühle. Sie kam trotzdem. Einmal vergaß ich, den Deckel richtig zu schließen. Die Kaffeebohnen wirbelten durch die ganze Küche. Es dauerte eine Zeit, bis alle Bohnen eingesammelt waren.

Wir kauften den Kaffee im Hausverkauf. Das Ehepaar Schöttke aus der Steinstraße 4 in Kiel nahm die Bestellung von mehreren Hausbewohnern entgegen. Das machte die braune Edelbohne billiger. Die Schöttkes waren alte Nazis, und es wurde behauptet, daß im Schlafzimmer des alten Ehepaares ein Hitler-Porträt hing. Ich war enttäuscht, daß dort statt eines Hitler-Bildes ein pausbäckiger Engel den Platz einnahm. Ein Hitler-Porträt – das wäre über Jahre Straßengespräch gewesen. Die Zeiten haben sich geändert. Kaffee kostet heute weniger als 3 Euro 500 Gramm. Aber es gibt nicht mehr den Zauber des sonntäglichen Kaffeetisches. Coffee to go. Eine gräßliche Einrichtung. Kaffee wird aus einem Pappbecher getrunken. Den Becher in der Hand, laufen die Kaffeetrinker von heute durch die Städte. Und auch bei uns im Büro herrscht alles andere als eine Kaffee-Kultur. So um die 8 Tassen pro Tag aus der Kaffeemaschine pro Person.

Ich habe mir das Kaffee-Trinken abgewöhnt, bin auf Tee „umgestiegen". Vergangenes Jahr war ich zu Gast bei einer alten Dame. Sie mahlte den Kaffee in einer hölzernen Kaffeemühle, legte Melitta-Papier in den Porzellan-Filter und brühte den Kaffee frisch auf. Ich fühlte mich in die Kinderzeit zurückversetzt.

Wie war das mit den Hindus, Buddhisten, Moslems und Christen?

Islam, Christentum, Hinduismus, Buddhismus. Ich könnte jetzt eine lange Ausarbeitung über die verschiedenen Religionen schreiben. Mach ich nicht. Stattdessen – ich berichte von meinen Erfahrungen mit Menschen der jeweiligen Religion.

Fangen wir mit Murat an. Er ist Leiter unseres Büros, Bundesgeschäftsführer der Deutschen Konservativen, denen er seit seinem vierzehnten Lebensjahr verbunden ist. Murat ist meine größte Stütze, meine rechte Hand. Er durchlebte mit mir alle Höhen und Tiefen des Verbandes. Er wurde von den roten Chaoten der Hamburger Hafenstraße gejagt, war dabei, als die Konservative Jugend Deutschlands jeden 17. Juni und jeden 13. August (Tag des Mauerbaues) spektakuläre Aktionen durchführte. Murat ist Moslem. Manchmal habe ich ein schlechtes Gewissen, daß er bei unseren Anti-Islam-Kampagnen mit die Regie führt. Er sieht das anders. „Ich bin zwar Moslem, aber mit den üblen Fundamentalisten, die die Religion für machtpolitische Zwecke mißbrauchen, möchte ich nichts zu tun haben."

Wären alle Muslime wie Murat …. wie friedlich wäre dann die Welt.

Samir ist Hindu. Ich hatte ihn aus Mitleid angestellt. Er war Zeitungsjunge und verteilte Firmen-Prospekte in der Umgebung unseres Büros.

Er war mit seiner Familie aus Afghanistan geflohen – vor den fanatischen Taliban. Schon nach wenigen Tagen war klar – Samir ist dumm wie Stroh. Die einfachsten Arbeiten bereiteten ihm Probleme. Er wußte nicht einmal wie man Briefmarken auf einen Umschlag klebt. Ich machte ihm ein Muster. Er klebte die Marke auf die Rückseite des Umschlags. Trotzdem wollte ich ihm eine Chance geben. Ich half seiner Familie bei der Wohnungssuche und der Einbürgerung. Er wollte sich auf seine Art revanchieren. Bci seiner Mutter hatte er Rücken-Massage gelernt. Und wirklich – der Bursche hat goldene Hände. Ich finanzierte ihm eine sechswöchige Ausbildung bei der besten buddhistischen Massage-Schule in der Tempelstadt von Bangkok.

Er war der beste Schüler. Sein Dank: Kaum in Deutschland, schmiß er seinen Job bei uns im Büro hin und kam nicht mehr. Mitten im wichtigen Weihnachtsgeschäft.

Was bleibt? Nicht so schöne Begegnungen mit dem Hinduismus. Samirs Bruder war bei einem Verkehrsunfall ums Leben gekommen. Die Polizei gab aber den Leichnam noch nicht frei zur Beisetzung. Samir behauptete „Mein Bruder erscheint mir und meiner Mutter jede Nacht blutüberströmt. Seine Seele findet keine Ruhe, bevor der Körper verbrannt ist.“ Dann zitierte er einen der Hunderte Hindu-Götter. Ich erinnerte mich an einen Hindu-Tempel in Bangkok, in dem Ratten gefüttert wurden. Nichts gegen Ratten – es könnte sich ja um die Wiedergeburt eines lieben Verwandten handeln, der als Tier erneut auf die Welt gekommen ist. Hinduismus – nein Danke!

Der Buddhismus unterscheidet sich vom Islam, Christentum und Judentum total. Die buddhistische Lehre kennt keinen allmächtigen Gott und keine ewige Seele. Den Buddhismus habe ich in Thailand kennengelernt.

Als erster Ausländer durfte ich mit der thailändischen Prinzessin Sirindhorn einen goldenen Schrein betreten, in dem angeblich ein Zahn Buddhas aufbewahrt wird. Eine Anerkennung für die vielen Hilfen, die ich in Thailand organisiert habe.

Reliquien – natürlich mußte ich sofort an die katholische Kirche denken.

Warum sollten wir gegen Reliquien sein? Wir bewahren ja auch bestimmte Andenken auf. Eine Locke, ein Bild, und wer weiß, was alles. Erinnerungen an einen geliebten Menschen.

Es ist ein Quatsch, wenn behauptet wird, daß Katholiken Reliquien anbeten.

Der eigentliche Name von Buddha ist Siddharta Gautama. Geburts- und Todestag sind nicht genau bekannt. So um 450 Jahre vor Christus. Er wurde als Sohn eines Herrscherhauses geboren – im heutigen Nepal. Mit 29 Jahren soll ihm bewußt geworden sein, daß Reichtum und Luxus nicht Glück bedeuten. Sechs Jahre lebte er in selbst gewählter Armut und studierte Religionslehren und Philosophie, um die wahre Natur menschlichen Glücks zu finden. Beim Meditieren unter einem Pappelfeigenbaum will er das „Erlebnis des Erwachens“ gehabt haben. Danach verbrachte er sein ganzes Leben mit der Weitergabe und Unterweisung der Lehre, gründete das buddhistische Mönchtum für Männer und auch für Frauen.

Snoopy ist Buddhistin. Ein thailändisches Mädchen. Wir lernten uns als junge Leute auf einer Englischschule im wunderschönen englischen Bath kennen. Tochter des Generals der Leibwache des Königs. Snoopy war 19, ich 30. Ich mochte sie und ihren Humor, hoch-intelligent. Wenn wir – wie so häufig – vom englischen Essen „die Schnauze voll" hatten – dann kochte Snoopy Thai-Essen, eine der besten Küchen überhaupt. In Thailand stellte sie mich ihrer Familie vor. In der thailändischen Oberschicht gibt es reichlich Rassisten. Thais heiraten Thais, keinen Farang (Ausländer). Für mich war es eine Freundschaft. Ans Heiraten dachte ich nicht. Am nächsten Tag lud ich Snoopy zum Essen ins Oriental-Hotel ein. Irgendetwas bedrückte sie. Plötzlich kullerten Tränen über ihre Wangen. „Jo, die thailändischen Gäste sehen mich alle an. Die glauben, daß ich ein leichtes Mädchen bin und von einem Farang zum Essen eingeladen worden bin." Sie bekam keinen Bissen runter. Der Abend war gelaufen.

Wie alle Buddhisten – Snoopy glaubt an Geister, schwört Stein und Bein, schon Geister gesehen zu haben. Immer im Traum.
Nur einmal hatte ich ein Problem mit Snoopy. Ich unterstützte ein Hilfsprojekt im schlimmsten Armenviertel Bangkoks. Snoopy wollte nicht mit mir dorthin gehen. Tochter aus hoher Gesellschaft im Slum – das geht nicht. Schließlich kam sie doch mit. Hört sich unwahrscheinlich an – stimmt aber – es war ihre

erste Begegnung mit der „Unterschicht". Und es blieb nicht ohne Wirkung. Die Begegnung mit einer hungernden Mutter, die die letzten Bissen ihren drei Kindern gegeben hatte, wühlte sie auf. Buddhisten glauben, daß sie durch gute Taten einen Platz im buddhistischen Himmel bekommen. Snoopy kontrolliert und organisiert die von mir geförderten thailändischen Hilfsprojekte. Der Buddhismus ist nicht so tolerant, wie viele glauben. Es gibt dort unter der Führungsschicht der buddhistischen Mönche schlimme Fanatiker. Aber die Mehrheit der thailändischen Buddhisten ist herzlich, hilfsbereit und weltoffen.

Ich habe mit Buddhisten keine schlechten Erfahrungen gemacht.

Wenn ich von christlichen Freunden berichten möchte, dann weiß ich nicht, wo ich anfangen soll. Mein Freund Winfried Pietrek, katholischer Geistlicher, Journalist und Buchautor. Er würde für seinen Glauben das eigene Leben geben. Als Missionar in Vietnam und Peru setzte er es oft aufs Spiel. Die Amis flogen ihn per Hubschrauber mit sanftem Zwang aus dem Kriegsgebiet. Er wollte seine Gemeinde nicht verlassen.

In Peru zog er auf einem Pferd von Gemeinde zu Gemeinde. Oft mitten in der Nacht. Dann betete er „Lieber Gott, halte dem Puma die Nase zu, damit er mich nicht wittert".

Nach seiner Missionszeit arbeitete er als Journalist und geistlicher Berater der katholischen BILDPOST. Jetzt schreibt er Bücher und sorgt dafür, daß monatlich der KURIER der Christlichen Mitte erscheint. Auf so einen Freund bin ich stolz.

Er war ein einfacher Tischler, liebte seinen Beruf bei der Bremer Straßenbahn. Die Christlichen Gewerkschaften Deutschlands waren sein Leben. Otto Jahn, Mitbegründer der Bremer CDU. Konservativer Katholik – ein Herz so groß wie ein gewaltiger Brokken. 20 Jahre pflegte er seine kranke Frau. Durch Otto Jahn kam ich dem Glauben näher, wurde überzeugter und bekennender Christ. Als es dem Ende zuging, wollte der Priester ihn trösten. Tage später traf ich ihn. „Aber er brauchte keinen Trost, sagte mir, daß er sich auf das Sterben freue, weil er dann dem Herrgott Rechenschaft ablegen kann und wieder mit seiner Frau vereint ist." Gleiches hörte ich von unserem lieben Dr. Gustav Krüger, dem Vorsitzenden unseres Ältestenrates.

Viele gute Freunde leben inzwischen in der ewigen Welt. Meine Erfahrung: Gläubige Christen sterben ohne Angst und leichter als ungläubige Menschen.

Das war nur ein kleiner Ausflug in die Religionen. Gestreift, mehr nicht. Ich weiß nicht, wie ich selber sterben werde. Ich war kein übler Kerl in meinem Leben – aber kein Engel.

Ich hoffe auf einen gnädigen Tod. Gute Werke habe ich reichlich getan, habe aber meinen Zweifel, ob das automatisch eine Fahrkarte ins Paradies ist. Ein bettelarmer Mensch, der seinen letzten Groschen für den Hungernden gibt – der hat vielleicht noch mehr getan.

Da drückte der Herrgott ein Auge zu

Die gute Stube. Meist bei Landwirten – aber nicht nur da. Die gute Stube. Die wurde nur am Wochenende benutzt und im Winter auch beheizt. Auf den Sesseln und auf dem Sofa Paradekissen. Mit „Kniff" in der Mitte. Am Sonntag kam zum Kaffee auch das gute Geschirr auf den Tisch. Dazu die weißen Servietten, selber bestickt.

Nur wenige Familien hatten in der „guten Stube" einen Fernseher. Das war schon was Besonderes.

Ich fand eine „gute Stube" ganz einfach „total daneben". Zum Glück gab es die bei uns nicht. Die ganze Wohnung wurde genutzt. Sieben Tage in der Woche. Nur mit dem Heizen war es so ein Problem. Es fehlte das Geld, um die Öfen aller Zimmer zu beheizen. Meist war nur der Küchenherd heiß. Wurde in einem anderen Zimmer geheizt – dann wickelten wir die Briketts in nasses Zeitungspapier. So hielten sie länger die Glut.

Paradekissen fand ich furchtbar. Brokat-Spitze und häßlich aussehende, eingewebte Blumen.

Ich kassierte eine Ohrfeige, als ich meine Dichtkunst ausprobierte: „Wer hat denn drauf geschissen – mitten aufs Paradekissen?"

Die Anschaffung einer Waschmaschine, eines Kühlschranks und zum Schluß eines Fernsehers – das war ein gewaltiger Schritt. Gab es Lou van Burg oder Peter Frankenfeld im Programm – die Straßen waren leer.

Wer keinen eigenen Fernseher hatte, der lieh sich einen oder ging zu Nachbarn. Die Leihapparate funktionierten mit Münzeinwurf. Nationales Unglück – die Münzen gingen gerade aus, als ein Mord vor der Aufklärung stand – oder Hänschen Rosenthal bei „Wetten das?" den berühmten Luftsprung machte.

1958 dann eine Heizung für das kleine Reihenhäuschen in der Bremer Finkenau. Koksheizung. Dicht hinter dem Haus war ein Bahndamm. Da rangierten viele mit Koks beladene Güterzüge. Hopp – saß ich auf einem Waggon und warf möglichst viele Koksbrocken runter. Kohlenklau – das war allgemein üblich. Unmittelbar nach dem Krieg sagte der Kölner Kardinal Frings, daß er die Kohlenklauer nicht verdammen wird, der Herrgott wird da schon ein Auge zudrücken. Sofort hieß die Klauerei nicht mehr Kohlenklau, sondern „Fringsen". In Wiesbaden – da kam meine Familie von Seiten der Mutter her, sangen die Straßenkinder beim Kohlenklau „Ei Mama de Mann mit dem Koks ist do – ei leck mich am A.... ich wahs es jo."

Und schlägt der A .... auch Falten ....

Schönheit fordert ihren Preis. Flughafen Hamburg. Verspricht günstiges Einkaufen. Die Renner – Parfüms und Kosmetik. Schönheits-Creme. 100 Milliliter in einer kleinen Tube versprechen für 640 Euro eine jugendliche Haut. Ich frage die Verkäuferin „Kauft das denn jemand? Bei dem Preis?“ Die ehrliche Antwort: „Die Kunden glauben – je teurer, desto besser. Das stimmt aber nicht.“

Das Thema reizt mich. Da gibt es Menschen, die sich einbilden, verflossene Jugend kann man durch teure Cremes zurückkaufen. Test-Vereine haben die Wirkung fast aller Cremes wissenschaftlich untersucht. Resultat: Fast immer sind es die billigen Cremes, die für die Haut am besten sind. Es lebe NIVEA!

Die Stiftung Warentest ließ als Naturprodukte angebotene Cremes untersuchen. Nur die Hälfte aller Produkte schnitt gut ab. Zwei der teuersten Cremes fielen durch die Qualitätsprüfung. Die Preisspanne für 100 Milliliter. 9,70 Euro bis 96 Euro.

Für Schönheit geben die Deutschen Milliarden aus. Überwiegend Frauen – aber zunehmend auch Männer. Das größte Problem für Männer: Der Haarwuchs. Gäbe es einen Dermatologen, der ein wirkendes Haarwuchsmittel erfände – er würde zu einem der reichsten Männer werden.

Die Sehnsucht „für immer jung“ öffnet die Brieftaschen der Nation. Was ich selber nehme? Nivea-Gesichtscreme. Tut der Haut gut. Ich verhehle überhaupt nicht, daß die zunehmend „kahle Platte" auch für mich ein Problem ist. Ich kann verstehen, daß sich Männer für ein Toupet entscheiden. Ich selber könnte mich dazu nicht durchringen. Opa Witte, unser Nachbar in der Bremer Finkenau, kommentierte den Jugendwahn in der bei ihm üblichen Deftigkeit: Und schlägt der Arsch auch Falten – wir bleiben doch die Alten.

Truuuude und die Taliban

Den Namen hatte er plötzlich weg. Truuuude. Der kleine afghanische Post- und Paketbote, der uns Tag für Tag mit reichlich Post und Hilfspaketen für Lettland eindeckt.

Er ist die Gutmütigkeit in Person. 5 Kinder hat der kleine Kerl. Klein und schmal – aber ein richtiges Arbeitspferd. Manchmal ärgern wir ihn – „Wenn du kein Lösegeld an uns zahlst – dann schicken wir dich zurück nach Afghanistan. Da wartet der gute, alte Mullah Omar. Er braust zur Zeit mit seiner gelben Yamaha über den Hindukusch und wartet auf dich. Er ist ja so gütig ....“ Und immer wieder die gleiche Reaktion – „Lieber möchte ich für 10 Jahre in ein deutsches Gefängnis gehen als noch einmal bei den verrückten Taliban“.

Der kleine Afghane hat einen Traum. Er möchte – gemeinsam mit seiner Frau – einen Textilladen eröffnen. Wir versuchen, ihn davon abzubringen. Er ist alles andere als ein Geschäftsmann und würde mit Sicherheit schon nach wenigen Monaten pleite gehen.

Truuuude – laß die Finger von Geschäften.

Sein Gehalt als Paketbote ist mager. 5 Kinder und die Frau. Das kostet. Er hat in Afghanistan schreckliche Dinge erlebt, möchte nicht darüber reden, will vergessen. Aber einmal sagte er nur kurz: „Diese Mörder haben meinen Vater und meine Mutter ermordet, weil sie keine fundamentalistischen Muslime sein wollten. Die schieben den Glauben vor, wollen aber nur Macht und Geld.“

Hin und wieder stecken wir Truuuude ein Scheinchen zu. Für die Kinder. Und jedesmal umarmt er dann alle Büro-Mitarbeiter. Ich hoffe, Truuuude bleibt uns noch lange als Post- und Paketzusteller erhalten. Er würde uns fehlen.

Die Rache der „heiligen" Maria

Ich war mit allem einverstanden. Einen Hirten spielen, notfalls sogar ein Schaf oder einen Ochsen oder einen Esel. Beim jährlichen Krippenspiel in der Adventszeit. Hardenberg-Schule in Kiel. 9 Jahre alt war ich. Am liebsten hätte ich den Josef als Rolle – nur das eine nicht – Maria.

Ich war mir sicher – ich, verkleidet als die heilige Jungfrau Maria, würde noch über Jahre dem Spott meiner Schulkameraden ausgesetzt sein. Aber die Lehrerin bestand darauf – „Du hast große, braune Augen und lange Wimpern. Perfekt als Maria."

Widerstand und Protest zwecklos. Was für eine Maria war ich. Langes, geblümtes Kleid mit Puffärmeln, ein rotes Kopftuch, einen braunen Umhang und ein Kissen vor dem Bauch – wegen der Schwangerschaft. Ich hätte im Erdboden versinken können.

Hochhackige Schuhe .... die paßten nun wirklich nicht zu einer Maria im Geburtsjahr Christi.

Es kam, wie ich vermutet hatte – nach Weihnachten machten sich einige Klassenkameraden lustig über „Joachim Maria". Ich ärgerte mich sehr und sann auf Rache, erzählte etwas von einem verborgenen Schatz in der Ruine des Kieler Schlosses am Hafen. Drei meiner Quälgeister glaubten es. Sie krabbelten durch die Gitterstäbe eines zerborstenen Fensters in den Keller der Ruine. Da lauerte ich mit zwei Freunden. Wir hatten uns weiße Betttücher übergestülpt und trugen Brotmesser und Pottdeckel in den Händen. Auf Kommando ballerten wir die Kopfdecken zusammen und brüllten mit schrillen, verstellten Stimmen „Sterben müßt ihr. Kopf ab.“ In Panik rasten die Drei zum Kellerfenster. Da hatte sich hinter alten Holzkisten einer von uns verschanzt. Mit vollen Wassereimern …. und jeder bekam seinen Segen ab. „Die haben vor Angst in die Hosen gepinkelt“ – behauptete ich in der Schule.

Und es wurde nur allzu gerne geglaubt.

Von diesem Tag an wurde ich wegen der Maria nicht mehr verspottet.

Die Verlegenheit ist mir nur allzu gut anzusehen.

Ein Berg Mist

Ich hatte es wohl zu gut gemeint mit dem Kuhmist. Für den winzigen Vorgarten unseres Reihenhäuschens in der Bremer Finkenau hatte ich ihn bei Bauer Mattfeld bestellt. Ein Fuder – hatte keinen blassen Schimmer von der Menge. Als ich aus der Schule kam, traf mich fast der Schlag. Ein Riesenberg Mist türmte sich in dem nicht mehr als 15 Quadratmeter großen Gärtchen – und es stank erbärmlich. 12 Jahre war ich alt, hatte es gut gemeint. Ich buddelte gern in der Erde, kümmerte mich um die Rosen, die prächtig in allen möglichen Farben blühten. Kuhmist ist gut für die Rosen – hatte ich im Lokalblatt gelesen. Mattfeld wollte den Mist nicht zurücknehmen. Also bat ich unseren Nachbarn um Hilfe, Opa Witte. Der war Kleingärtner, Vorsitzender der Kleingartenkolonie. Das Problem: Die meisten Laubenpieper hatten sich schon mit ausreichend Dünger eingedeckt.

Nur drei Kleingärtner waren interessiert. Interessiert war auch die Polizei. Beschwerden wegen des Gestanks hatte sie erhalten. Der Mist muß weg – forderte der Revierleiter. Opa Witte hatte mir eine Schubkarre besorgt. Beim Einbruch der Dunkelheit fuhr ich Karre für Karre zu Bauer Mattfelds Wiesen. Gegen Mitternacht hatte ich es geschafft.

Ich bin sicher – Mattfeld wußte, von wem der Mist stammte. Aber er sagte nichts. Nur eines Morgens auf dem Weg zur Bushaltestelle – da paßte er mich ab. Klatsch hatte ich eine Ohrfeige weg.

Ein Fuder Mist für einen Mini-Garten – das konnte nicht gutgehen.

Wo möchten Sie am liebsten leben?

Wo – außer in Deutschland – möchten Sie leben? Diese Frage wurde 1000 Deutschen gestellt. Das verblüffende Resultat dieser Umfrage: 68 Prozent sagten: „Zu Deutschland gibt es keine Alternative".

Etwa 10 Prozent der Befragten wohnten im Ausland – und fast alle hatten ihre Lebensplanung so eingerichtet, daß sie im Alter wieder nach Deutschland zurückkommen.

Liegt es an der guten Krankenversicherung? Mag sein, daß das eine große Rolle spielt. Aber in erster Linie ist es wohl so: Deutschland ist ein wunderschönes Land – und die Deutschen sind ein Volk mit viel Herz. Wird um Hilfe für in Not geratene Menschen gebeten – die Deutschen sind immer dabei. In keinem europäischen Land wird so viel und so gern gespendet. Liegt es daran, daß die Deutschen selber lange Zeit Not und Elend erleben mußten? Meistens sind ältere Menschen die Spender. Sie haben die schreckliche Kriegs- und Nachkriegszeit noch erlebt.

Aber auch junge Deutsche helfen viel. Das fängt bei ganz kleinen Dingen an. Wie oft habe ich schon am Bahnhof gesehen, wie junge Leute Älteren die Koffer tragen, beim Straßenüberqueren helfen oder ganz einfach den Platz im Bus oder der S- und U-Bahn freimachen.

Die Schönheit des Landes. Wir haben doch alles: Herrliche Berge, große, dunkle Wälder. Die Nord- und Ostsee mit den Inseln, die Jahr für Jahr Tausende anziehen. Mittelgebirge wie den Harz, dann der Bodensee, der Starnberger See oder alte Städte wie Rothenburg ob der Tauber oder Bamberg. Große Städte, die sich sehen lassen können. Hamburg mit seinem Hafen und der Alster, München mit den prächtigen Straßen, Biergärten und Galerien, Museen.

Durch meinen Beruf als Journalist habe ich die Welt gesehen. Als Chefreporter für die HÖRZU. Ich kann mir dieses Urteil aus Erfahrung erlauben: Nirgendwo auf der Welt lebt es sich besser als in Deutschland.

Wer war schlimmer – Hitler oder Stalin?

Wer war schlimmer? Adolf Hitler oder Stalin? Massenmörder waren beide. Einer schlimmer als der andere. Stalin ließ die Menschen verhungern, erfrieren, erschlagen, einsperren und deportieren. Ein grausamer Unmensch. Er verschonte keinen. Selbst überzeugte Kommunisten mußten dran glauben. Als sein eigener Sohn in deutsche Kriegsgefangenschaft geriet, lehnte er einen Gefangenenaustausch ab, ließ ihn im deutschen KZ lieber umbringen.

Stalins Terror richtete sich gegen alle.

Wer nicht tiefer bohrt – der kommt zu dem Ergebnis Stalin war schlimmer als Hitler. Stimmt aber nicht. Hitler war keinen Deut besser. Er war zwar berechenbarer als Stalin, aber nicht weniger grausam. Der „größte Feldherr aller Zeiten" ließ nicht nur millionenfach Juden ausrotten .... seine Gestapo oder SS verfolgte jeden, der sich gegen den „Führer" stellte. Der französische Figaro behauptet, daß Stalin mehr Menschen auf dem Gewissen hat als Hitler. Es hört sich böse an – aber ob eine Million Opfer mehr oder weniger – ist das wirklich noch von Bedeutung?

Was mich aufregt – es wird heute noch von vielen geglaubt, daß der Kommunismus gar nicht so schlecht war. „Das war ja kein richtiger Kommunismus. Der echte Kommunismus ist gut und menschenfreundlich."

Mehr als 100 Millionen unschuldige Menschen wurden zu Opfern der Roten.

An den Nationalsozialismus glauben heute nur noch unverbesserliche Dummköpfe. Der politisch, wirtschaftlich und moralisch gescheiterte Kommunismus steckt nach wie vor in den Köpfen von vielen.

Und noch einmal das Stichwort KZ. Die Russen konnten Hitler für das KZ Buchenwald dankbar sein. Es wurde über Nacht von einem braunen KZ zum roten KZ.

Kurt Schumacher, legendärer SPD-Vorsitzender der Nachkriegszeit: Rot und braun liegen im Farbenspektrum dicht beieinander.

Das wurde aus Lotto-Millionären

Über Nacht Millionär. Lotto. Segen und Fluch zugleich. Hier einige Beispiele:

Er knackte den allerersten Jackpot im Lotto: Walter Knoblauch. Das war 1956. 500.000 D-Mark. Ähnlich soviel wert wie heute mehrere Millionen. Nur zwei Jahre später hatte er den gesamten Gewinn auf den Kopp gehauen. Dann das Unglaubliche. Er gewann noch einmal 300.000 D-Mark. Auch das war schnell weg. Der Artist und Hausierer starb 1995 total verarmt in einer Obdachlosen-Unterkunft.

Einen ersten echten Lotto-Millionär gab es 1974. Der 25 Jahre alte Heinz W. aus Remels. Er kannte sich selber genau und wußte, daß er alles verprassen würde, wenn er nichts unternimmt. Er legte sein Geld in Immobilien an. Dabei wurde er von seinem Berater getäuscht und verlor fast das ganze Vermögen. Heute lebt er von einer bescheidenen Rente.

Lothar Kudzydiowsky gewann 3,9 Millionen D-Mark. Bis auf 500.000 D-Mark verjubelte er alles. Dann starb er an Organversagen.

Der höchste, jemals verpraßte Lottogewinn: 38 Millionen!

Das Leben von Lotto-Millionären ist sehr unterschiedlich verlaufen. Aber es gibt eine stattliche Zahl von Lotto-Millionären, denen das große Geld Unglück brachte.

Was würde ich mit gewonnenen Lotto-Millionen machen? Verprassen? Das ist total gegen meine Natur. Aber ich würde es in die Politik und in soziale Projekte stecken – vor allem aus unserem Deutschland-Magazin ein regelmäßig erscheinendes Monatsblatt machen.

Aber das bleibt nur ein Traum. Denn ich spiele überhaupt kein Lotto.

Rechts – ein Mühlstein um den Hals

„Ja, ich bin ein Rechtsradikaler", sagte der Europa-Abgeordnete Professor Emil Schlee auf einer Veranstaltung in Soltau. „Ich bin radikal für das Recht". Der Satz „Ich bin ein Rechtsradikaler" wirbelte natürlich kräftig Staub auf. Professor Schlee, Beauftragter für Flüchtlingsfragen in der schleswig-holsteinischen CDU-Landesregierung, ging später zu den Republikanern, war konservativer Demokrat. Es ist komisch, was aus Wortbegriffen werden kann. Rechts – das galt für richtig, gerader Weg, Recht haben. Die politische Korrektheit verbog das Wort rechts, stellte es auf die Stufe NSDAP. Heute möchte niemand „rechts" sein.

Eindeutig negativen Klang hatte früher das Wort links. Ein linker Vogel. Tückisch, unaufrichtig. „Du linker Bruder" – das war eine Beleidigung.

Heute ist es schick, „links" zu sein.

Links sind die meisten Lehrer und Journalisten, links sind viele Uni-Professoren und Künstler. Das Wort links wurde umfunktioniert – heißt heute soviel wie fortschrittlich, aufgeklärt, auf der Seite des Geistes stehend, intellektuell.

Mit Worten wird Politik gemacht. Wehe, Sie sagen Zigeuner, Mohr oder Neger! Ganz neu auf der Verbotsliste auch das Wort Indianer. Ich kann lange darüber nachdenken – aber was an dem Wort Indianer diskriminierend sein soll – das kann ich beim besten Willen nicht herausfinden.

Das nimmt verrückte Formen an, macht nicht einmal Halt vor Kinderbüchern. In neu aufgelegten Pippi-Langstrumpf-Büchern entschuldigt sich der Verlag versteckt dafür, daß Pippi Langstrumpfs Vater „Negerkönig von Taka Tuka Land“ genannt wird. Zigeunerschnitzel oder der Zigeunerkönig aus der Operette .... politisch anstößig, unkorrekt.

Professor Schlee hat das Wort rechts korrekt beschrieben. Aber es hing ihm fortan wie ein Mühlstein um den Hals. Immer wieder hieß es „Der hat ja selber zugegeben, daß er ein Rechtsradikaler ist.“

Ich kannte Emil Schlee gut. Nach seinem Tod verschonten die Linken mit hämischen Worten seine Witwe so: „Dem Rechtsradikalen weinen wir keine Träne nach. Die Witwe erinnert doch an Eva Braun. Da fehlt nur noch der Obersalzberg“.

Meine Anna und die Zwillinge

Dietrich Stellmacher ist 92 Jahre alt und unser ältester Mitarbeiter. Jeden Morgen um Punkt 9 holt er die Post aus dem Schließfach und bringt sie ins Büro. Er möchte 100 Jahre alt werden und auch so lange für die Konservativen arbeiten.

Mit 92 ist er noch fit wie ein Turnschuh. Mit den 100 – das könnte klappen. Gut zwei Kilometer ist der Fußmarsch für die Post. Einen Kaffee im Büro, kurzer „Klönschnack". Er ist froh, daß er für uns arbeiten kann, und wir sind froh, daß wir ihn haben.

Seit fast 60 Jahren ist er verheiratet – und Murat gibt ihm jeden Morgen diesen Spruch mit auf den Weg „Laß dich nicht von der Regierung ärgern" – meint damit die Frau. Die Stellmachers wohnen im selben Haus, in dem unser Büro ist. Als wir dort vor rund 20 Jahren einzogen, waren wir nicht die besten Freunde. Grund war meine Anna, eine bildschöne und gutmütige Berner Sennhündin. Um nichts in der Welt ließ sie sich an die Leine nehmen. Wenn ich den Versuch unternahm, blieb sie stocksteif stehen und sah mich mit ihren braunen Hundeaugen an, als wollte sie sagen „Das ist doch wohl nicht dein Ernst. Eine Leine – für mich?" Statt Leine bekam sie bunte Halstücher. Gewaschen, gebügelt und gestärkt. Jeder in der Gegend kannte Anna. Schulklassen, die ins nahegelegene Hallenbad gingen, blieben stehen – und Anna bekam ihre Streicheleinheiten.

Hin und wieder durfte Anna vom Schulbrot abbeißen, was ich nicht so lustig fand. Beim Spaziergang an der Alster kam uns ein kleiner Junge mit einer Waffel-Tüte Eis entgegen. Spendabel hielt er Anna das Eis hin. Happs war es weg und der Kleine sagte unter Tränen: „Die sollte doch nur einmal lecken".

Die beiden Stellmacher-Zwillings-Enkel hatten Angst vor Anna. Natürlich stand Opa Stellmacher auf Seiten der Kinder. Anna sollte nicht mehr auf ihrer Decke vor dem Büro liegen – und wenn, dann nur angeleint. Das kam für mich nicht in Frage, und ein harter Wortwechsel war die Folge. Es war nicht fein, was ich sagte: „Meine Anna ist mir am Hinterteil immer noch lieber als ihre Enkel im Gesicht".

Aber die Wogen glätteten sich. Die Zwillinge durften der Anna zu fressen geben und verloren dabei die Angst vor dem Hundemädchen. Seitdem ist Dietrich Stellmacher unser Postmann.

Vielleicht bald chinesisch

Sie ist ein kleines Sprach-Genie – meine Nichte Imke, die in London lebt. Sie spricht sieben Sprachen. Jetzt lernt sie noch die lettische Sprache – und spricht sie schon besser als ich, obwohl ich so häufig in Lettland zu tun habe.

Schon in der Grundschule hatte sie Interesse an Fremdsprachen. Sie war 12 – da sprach und schrieb sie die englische Sprache so gut wie die Englisch-Lehrerin. Russisch lernte sie „nebenbei". Französisch sowieso. Natürlich auch spanisch, ein wenig arabisch, gut griechisch und andere Sprachen.

Auf äußere Dinge gibt Imke nicht viel. Sie wohnt in einer schäbigen – aber teuren – Wohnung und verbringt ihre Freizeit mit dem Lesen von ausländischen Büchern und in der deutsch-evangelischen Gemeinde.

Gemeinsam mit ihr besuchte ich das Grab von Karl Marx in London – und wir bekamen heraus, daß an dem Grab schwarze Messen gelesen werden. Es gibt Wissenschaftler, die davon überzeugt sind, daß Marx Satanist war. Darauf deuten auch mehrere Texte von ihm hin. Nur ein Beispiel: „Ich werde mir einen eis kalten Thron errichten, vor dem die Welt erzittern wird."

Marx ist der Ober-Heilige der Kommunisten. Sein Grab ist eine regelrechte Pilgerstätte für die Roten.

Es sind seltsame „Heilige", die die Linken verehren. Von Karl Marx bis Fidel Castro über Che Guevara –

ausnahmslos Menschenschinder oder sogar Massenmörder vom Schlage eines Mao Tse-tung. Und auch Rosa Luxemburg – die angeblich glühende Demokratin – von ihr existieren bitterböse Briefe. Sie endete im Landwehrkanal.

Aber zurück zu Imke. Sie überlegt gerade, ob sie chinesisch lernen möchte.

Schuhcreme und der „heilige Geist"

In einem diktatorischen Staat wäre er sicher ein übler Menschenschinder geworden. Gockel von der Grundausbildung in Pinneberg. Er hatte Freude am Drangsalieren und Schikanieren der ihm untergebenen Soldaten. Mich hatte er ganz besonders im Visier. Ich war von den Soldaten meiner Luftwaffeneinheit zum Vertrauensmann gewählt worden. Ausgerechnet an mir wollte er sein Mütchen kühlen. Durch den Schlamm robben, Wochenende streichen. Ihm fiel da so manches ein.

Aber er konnte ja auch nicht ahnen, daß er bei mir an den Falschen geraten war. Zwei kräftig gebaute Kollegen aus der Kompanie, die ich um ihren „Einsatz" gebeten hatte, gingen noch in der Nacht ans Werk. Sie stülpten dem schlafenden Gockel einen Kartoffelsack über den Kopf und schmierten ihm den Hintern mit schwarzer Schuhcreme ein. Als er um Hilfe schrie, setzte es Ohrfeigen. Schlimmer als der „Überfall" war der anschließende Spott. Die beiden Kameraden hatten den schwarz polierten Hintern des Gockel fotografiert – und wir sorgten gemeinsam dafür, daß die Bilder jeder zu sehen bekam.

Auf eine Meldung des „Überfalls" beim Kompaniechef verzichtete der Gockel. Hauptmann Bubke war das Gegenteil von Gockel – und jeder wußte, daß er den eitlen Fatzke ohnehin nicht leiden konnte.

Der Gockel war sicher, wer den Überfall angezettelt hatte. Aber er gab seitdem Ruhe. Einmal versuchte er noch, sein Mütchen an einem sensiblen Kameraden zu stillen. Der war frisch verheiratet und total verliebt. Die Frau in Bremerhaven, er in Pinneberg. Für ihn war das wie am Ende der Welt. Er freute sich auf jedes Wochenende, wenn er nach Bremerhaven wollte. Ausgerechnet diesem Jungen wollte er Wochenenddienst aufbrummen.

Ich ging zum Gockel und sagte nur einen Satz: „Das mit dem Wochenenddienst würde ich mir an Ihrer Stelle noch einmal überlegen“. Nichts anderes als eine versteckte Drohung. Aber sie wirkte. Zu sehr saß ihm die Erinnerung mit der schwarzen Schuhcreme in den Knochen. Manfred Rudloff – so hieß der verliebte Soldat – durfte nach Bremerhaven fahren.

Der Gockel hatte den Dienstgrad eines Fahnenjunkers, also Offiziersanwärters. Hauptmann Bubke machte ihm einen Strich durch die Rechnung, schrieb in die vorgeschriebene Beurteilung „Charakterlich nicht geeignet“.

Übrigens: Die Sache mit der schwarzen Schuhcreme war damals nicht selten und hatte den blasphemischen Namen „der heilige Geist“.

Linke Medien-Mafia – CDU/CSU haben selber schuld

Da kann ich weder die CDU noch die CSU verstehen. Beide Parteien schimpfen zu Recht über die linkslastige Medienlandschaft – aber rühren keinen Finger, um bei jungen Leuten das Interesse am Journalismus zu wecken. Die SPD ist da klüger. Sie gibt schon inhaltliche und finanzielle Unterstützung bei Schülerzeitungen, sorgt so schon für ihren publizistischen Nachwuchs.

Ich erinnere mich noch daran, wie das private Fernsehen ins Leben gerufen wurde. Die CDU versprach sich davon ein wenig freundlichere Berichterstattung, bat mich, mit dem damaligen CSU-Generalsekretär Gerold Tandler zu sprechen. Ziel: Unterstützung bei passenden Gesetzesvorhaben. Ich war als Vermittler gern gesehen, weil ich damals fast täglich mit Tandler zu tun hatte.

Seine Reaktion: „Wir helfen gern, aber wir haben keine konservativen Journalisten, mit denen wir die entscheidenden Redaktionen besetzen könnten."

Ein einziger Journalist kann mehr bewegen als ein Dutzend Bundestagsabgeordnete oder mehr! Ich habe das in rund 50 Berufsjahren selber erlebt. Journalisten können Regierungen in den Sattel heben oder stürzen. Selbst Konrad Adenauer ging bei der SPIEGEL-Affäre in die Kniee und konnte den damaligen Verteidigungsminister Strauß nicht halten.

Das ist keine Übertreibung oder Wichtigtuerei: Durch meine journalistische Arbeit und die Hilfe des Springer-Verlages konnte ich maßgeblich dazu beitragen, daß in Niedersachsen eine SPD-Regierung gestürzt und mit Ernst Albrecht ein CDU-Ministerpräsident gewählt wurde.

Linke Journalisten kippten Hans Filbinger, den Ministerpräsidenten von Baden-Württemberg. Angeblich „Nazi“. Ich konnte ein ganz klein wenig kontern und dem DGB-Chef Heinz Oskar Vetter eine lupenreine NS-Vergangenheit nachweisen. Er verklagte mich, verlor den Prozeß mit Pauken und Trompeten.

Ein Traum von mir: Es werden nur 10 konservative Journalisten (jung und „bissig“) finanziert, die auf die LINKEN, die Grünen und die SPD angesetzt werden. Ich bin sicher: denen würde manch ein Zahn gezogen werden. Sie würden in die Verteidigungsecke gedrängt werden, würden ihren Einfluß deutlich verlieren. Diese Journalistentruppe dürfte nicht unter dem Druck einer täglichen Zeitungsproduktion stehen. Sie müßte reichlich Zeit für Recherchen bekommen. Ich selber konnte als Einzelner sieben junge Leute für den Journalismus gewinnen. Sie kamen alle in leitende Funktionen.

Um wieviel größer könnten die Möglichkeiten der Unionsparteien sein. Aber da ist nichts zu erwarten. Man wird weiter die linke Medienmafia beklagen – aber keine Sekunde daran denken, daß die Unionsparteien selbst zu dieser Lage beigetragen haben und weiter beitragen.

Axel Springer dachte ähnlich. Er etablierte den asd – Axel-Springer-Inlandsdienst. Aber die Sache funktionierte nicht. Die Positionen wurden überwiegend an ältere, verdiente Journalisten gegeben. Eine Art Pensionäre-Truppe. Ohne Biß. Hinzu kam, daß die jungen und „bissigen" Journalisten lieber für BILD, WELT oder andere Verlagsobjekte arbeiten wollten. Hier wurde eine große Chance vertan.

Konservativen Journalisten-Nachwuchs – den gibt es heute nur durch die JUNGE FREIHEIT: Eine Sache, die man unterstützen sollte.

Zwei unvergeßliche Erlebnisse

Zwei Erlebnisse in meinem Leben haben sich tief in mein Gedächtnis eingebrannt.

Das erste Treffen mit meinem in der Nachkriegszeit verschollenen Vater, nach dem ich über 10 Jahre gesucht hatte. Aber wo mit der Suche anfangen? Mein Vater war Lette. Nach dem Krieg ging er nach England. Diplom-Landwirt war mein Vater. Aber in England gab es für ihn nur Arbeit als Bergmann in den Kohlegruben bei Bristol.

Lettische Exil-Zeitung. Eine Zeitungsanzeige in dem Blatt. Ein Foto von meinem Vater hatte ich nicht. Aber meine Mutter sagte: „Du siehst genau so aus wie dein Vater. Schau in den Spiegel. Dann siehst du deinen Vater."

Also veröffentlichte ich in der Exil-Zeitung ein Foto von mir – mit dem passenden Suchtext.

Der erste Brief kam aus Israel. Ein jüdischer Rentner schrieb: „Ihr Vater hat mir das Leben gerettet. Er steckte mich in lettische Landarbeiter-Klamotten und gab mich als seinen landwirtschaftlichen Gehilfen aus. Das rettete mein Leben. Die Nazis kannten kein Erbarmen." Dann kamen viele Briefe aus England, den USA, Schweden, Australien, Kanada und anderen Ländern. Schließlich auch das erste Foto. Als Bergmann in England. Bald bekam ich seine Adresse und die Telefonnummer raus. Schon beim ersten Anruf kam mir die Stimme vertraut vor.

Auf englisch fragte ich: „Sind Sie in Lettland geboren?“. Ein knappes „No“. Doch die falsche Spur? Schon am nächsten Tag flog ich von Bremen aus nach England. Schließlich stand ich vor seiner Haustür. Eine englische Frau öffnete – und ich gab ihr die lettische Zeitung mit der Suchanzeige. „In einer halben Stunde komme ich wieder“, sagte ich. Aber schon nach 15 Minuten kam ich zurück. Ein alter, weißhaariger Mann öffnete die Tür. Wie lange hatte ich auf diesen Moment gewartet.

Aus Verlegenheit zog ich meinen Paß aus der Jackentasche. „Ich kann auch ohne Paß sehen, daß Du mein Sohn bist“ sagte er. Vater und Sohn lagen sich weinend in den Armen. Wir wurden Freunde – aber das Wort Vater brachte ich nicht über die Lippen.

Nach seinem Tod löste ich ein Versprechen ein. Ich ging nach Lettland, um zu sehen, ob einzelne Mitglieder meiner Familie die Deportation nach Sibirien überlebt hatten. Mein Vater hatte mir alte lettische Landkarten gegeben, auf denen der Familien-Landbesitz verzeichnet war. Doch von dem alten Gutsbesitz existierten nur noch die Grundmauern. Ich klopfte an die Tür des Nachbarhauses. Eine alte Frau mit strahlend blauen Augen öffnete. Staunend sah sie mich an und sagte: „Ludwig, Ludwig. Du bist zurückgekommen“. Sie hielt mich für meinen Vater, der Ludwig hieß. Von ihr erfuhr ich, daß meine Schwester Rita noch lebt.

Eine Stunde später lagen sich meine Schwester und ich in den Armen. Sie hatte als einzige die arktische Hölle überlebt.

Gemeinsam flogen wir nach England. Dort standen wir am Grab meines Vaters. Rita hatte einen Beutel von lettischer Heimaterde mitgenommen. Die streute sie auf das Grab.

Zwischen Rita und mir gab es eine tiefe Geschwister-Liebe. Ich bin noch heute glücklich und dankbar, daß ich ihr die letzten Jahre ihres schweren Lebens so gut wie möglich machen konnte.

Mama Handruschka und ihr MG

Wir nannten sie nur Mama Handruschka. Sie war ein politisches Kampfroß. Trotz ihrer 82 Jahre. Sie haßte aus tiefster Seele die Kommunisten, die sie fast 15 Jahre in Gefängnisse gesperrt hatten. In der sogenannten „DDR"; die bei Mama Handruschka bis zum Schluß Sowjetische Besatzungszone (SBZ) hieß. Mama Handruschka war immer dabei, wenn wir etwas gegen Honecker & Co. machten. Zu jedem 17. Juni zum Beispiel. Von einem Hochsitz an der Zonengrenze ließen wir Tausende Ballons mit Briefen in den Osten fliegen. Mama Handruschka ging an Krücken. Aber sie bestand darauf, daß ihr geholfen wird auf den fast 20 Meter hohen Turm zu steigen. Da drohte sie mit ihren Krücken in Richtung „DDR" und brüllte mit aller Kraft „Honecker. Du Bandit, verrecke". Die Volkspolizei setzte einen Hubschrauber ein, der durch den Wind der Rotorblätter die Ballons zurückfliegen lassen sollte. Mama Handruschka benutzte eine Krücke als MG und sagte: „Ratatatatata". Ich mach aus dem verdammten Vogel einen Schweizer Käse".

Frau Handrosch, wie sie wirklich hieß, verteilte noch eine Woche vor ihrem Tod Flugblätter der Konservativen gegen die Kommunisten.

Auf ihr Grab ließ ich einen großen Kranz mit schwarz-rot-goldener Schleife legen – und den Aufdruck „Sie war eine Kämpferin. Mama Handruschka".

AfD – Bis zur wirtschaftlichen Vernichtung

Ich kann verstehen, daß es viele Menschen gibt, die strikte Gegner der AfD sind und diese Partei bekämpfen. Ich bin ein strikter Gegner der Grünen und der vereinigten Linken und bekämpfe sie hart und immer wieder. Was ich nicht verstehen kann, daß ist die persönliche Verunglimpfung von AfD-Leuten – bis hin zur existenziellen Vernichtung.

Das hat man auch bei mir versucht – ohne Erfolg. Meine Bücher haben mich wirtschaftlich unabhängig gemacht. Ein großer Vorteil in der Politik. Ich kenne verschiedene Funktionsträger der AfD. Alles hochanständige und demokratisch gesonnene Zeitgenossen. Da fällt mir zuerst Ronald Gläser ein. Er ist stellvertretender Landesvorsitzender der AfD in Berlin. Früher hat er einmal der FDP angehört, ist gläubiger Christ und guter Familienvater. Er gehört zu den mutigsten und anständigsten Politikleuten, die ich kenne.

Ich habe mit ihm längere Zeit zusammengearbeitet, erinnere mich gern an ihn. Würde ich in Berlin wohnen – er bekäme bei Wahlen meine Stimme.

Dr. Detlef Huber. Er möchte nicht voll in die Politik einsteigen, stützt aber die AfD als Mitglied des Stadtrates von Freiburg. Detlef Huber war schon als 16jähriger politisch aktiv. Mitglied der Konservativen Jugend. Heute ist er angesehener Anwalt für internationales Recht – viele Firmen suchen seinen Rat. Dadurch ist auch er wirtschaftlich unabhängig und kann den Mund aufmachen. Es ist schon abenteuerlich, wenn ihn berufslose Berufs-Politiker in die rechtsradikale Ecke stellen wollen.

Ein biederer Goldschmiedemeister aus Hanau gehört zu meinen AfD-Freunden. Linke Fanatiker hatten zum Boykott seines Geschäftes aufgerufen. Das erinnerte mich sofort an die NS-Parole „Deutsche kauft nicht bei Juden“. Zum Glück hat er Aufträge aus ganz Europa. Wäre er nur auf Kunden aus Hanau angewiesen – der Pleitegeier wäre sein Gast gewesen.

Ärzte, Lehrer, Polizisten. Überall gibt es AfD-Mitglieder und überall wird versucht, sie zu diskreditieren und wirtschaftlich zu ruinieren. Die mir bekannten AfD-Funktionäre sind anständiger und demokratischer als ihre Gegner.

Das aki und die Pharaonen

Was für ein Erlebnis. Das erste Mal im Kino. Metro-Kino auf der Holtenauer Straße in Kiel. Ein italienischer Lustfilm, in dem Banditen mit einer Mettwurst k.o. geschlagen wurden. Ich kam aus dem Staunen nicht mehr heraus. Ein Farbfilm. Zu gerne hätte ich mal hinter die Leinwand gesehen. „Da ist nichts zu sehen“, sagte meine sechs Jahre ältere Schwester Karin.

Ich war sechs Jahre alt, konnte mir nicht vorstellen, wie die Bilder auf die Leinwand kamen. Wenn ich heute darüber nachdenke – der Film war ziemlich „platt“. Ich fand ihn aber großartig – haute ein dicker Italiener Mettwurst auf die Hörner und sang dabei immer wieder „Ha, si, si, si“ – was immer das auch bedeuten mag.

Von der Zeit an bin ich ein Kino-Fan. Auf meine Kosten kam ich vor allem bei meiner Tante Lina aus Wiesbaden, wo ich meist die Sommerferien verbrachte. 60 Pfennig Eintritt im Aki-Kino. Man konnte so lange bleiben, wie man wollte. Am besten gefielen mir die Filme mit Pharaonen. Ich sah sie mir dreimal hintereinander an: Ramses der Zweite bis Tutanchamun. Ich kannte sie alle.

In der Pause verkaufte ein Mädchen Popcorn, Cola oder Eis zu 10 Pfennig. Meine gute Tante Lina hatte mir immer soviel zugesteckt, daß es für Eis, Popcorn und Cola reichte.

Sie ermahnte mich aber: „Du mußt nicht stundenlang im aki sitzen. Spiele lieber mit anderen Kindern von der Straße." Die Ermahnungen fruchteten immer nur kurze Dauer. Dann kam ein neuer Pharaonen-Film.

Als ich neulich wieder einmal in Wiesbaden war, wollte ich wissen, was aus meinem aki-Kino geworden ist. Da war kein aki mehr. Stattdessen ein Geschäft für Koffer.

Ich wäre gern noch einmal ins aki gegangen.

Das Flaschen-Klauer-Trio

10 Pfennig Flaschenpfand gab es für eine Bierbuddel im Kieler Restaurant Schloßhof. Die leeren Flaschen wurden auf dem Hof gestapelt. Wir Straßengören hatten das schnell rausbekommen. Wir klauten die Flaschen aus den Kästen und brachten sie ins Restaurant zur Kasse. Das ging nicht lange gut. „Kein Mensch kann soviel saufen, wie ihr leere Flaschen bringt" – meinte der Geschäftsführer.

Zunächst Schluß mit dem Flaschen-Klau. Wir wollten doch nicht unsere beste Einnahme-Quelle gefährden. Wovon hätten wir sonst die Unmengen von Erdbeer- und Schokoladeneis bezahlen sollen – und wohl etliche Kilos von Süßigkeiten?

Was uns blieb – war Altmetall aus den Trümmerhäusern. Aber irgendwann juckte uns wieder das Fell. Schloßhof. Das ging gründlich daneben. Als wir wieder dort mit Dutzenden leeren Flaschen aufkreuzten, verpaßte uns der Geschäftsführer einige kräftige Ohrfeigen und stellte uns vor die Alternative „Ihr könnt wählen, ob ich euch bei der Polizei als Diebe anzeige – oder ihr schippt im Winter vier Wochen Schnee vor dem Restaurant".

Drei Jungs waren wir. Das Bierflaschen-Klauer-Trio. Wir mußten nicht lange überlegen und entschieden uns für das Schnee-Schippen. Als die vier Wochen um waren – da drückte der Chef jedem von uns noch 10 D-Mark in die Hand.

Flaschen im Schloßhof geklaut – das haben wir nie wieder.

Kleber – der Superagent

Kleber. Den Namen hatte er weg. Ein 14jähriger Junge aus der Finkenau in Bremen. Warum dieser komische Name? Kleber hatte einen leichten Dachschaden. Er blieb vor fast jedem Haus stehen und glotzte aufdringlich durch die Fenster. Überall blieb er kleben.

Als ich ihn fragte, warum er das macht – da kam die seltsame Antwort „Ich bin der Straßen-Kontrolleur und muß genau wissen, was in den Häusern los ist. Geheim-Polizist".

Dann erzählte er etwas vom KGB und der CIA. Er arbeitet angeblich für beide.

„Kleber, du bist ein neugieriger Bekloppter. Wenn du noch einmal bei uns durch die Fenster gaffst, dann gibt's nen Arschvoll" – war meine Antwort. Nicht sehr fein. Aber Kleber ging mir mit seiner Aufdringlichkeit auf den Wecker.

Dachschaden ja. Aber blöd war Kleber nicht. In der Schule gehörte er zu den überdurchschnittlich begabten Schülern. Vor allem in Mathematik.

Als Kleber 30 wurde – da wollte er unbedingt heiraten, gab Dutzende von Anzeigen im Bremer Weser Kurier auf, um eine Frau zu finden. Aber es blieb immer bei einem einmaligen Treffen. Kleber kam bei jeder Frau mit seinen gesponnenen KGB- und CIA-Geschichten nicht an.

Schließlich fand er die Richtige. Geschieden, berufslos und fünf Kinder. Die Kinder waren begeisterte Zuhörer von Klebers Spionage-Geschichten. Und die Frau nahm diese Verrücktheit in Kauf. Sie war mit ihren Kindern versorgt – und Kleber war tatsächlich ein guter Vater. Er hatte es zum Diplom-Mathematiker geschafft und verdiente gutes Geld.

Wenn ich Kleber auf der Straße begegnete, sah er zur Seite, wollte nichts mit mir zu tun haben. Den angedrohten „Arschvoll“ hat er mir nicht verziehen.

Kleber – der Superagent. Ein eigenartiger 007.

Da kommt kein Computer mit

Weihnachts-Geschenke für Kinder. Wie sich doch die Zeiten geändert haben. Überglücklich war ich 1955, einen Teddybär geschenkt zu bekommen. Ich ging mit ihm schlafen, klebte ihm eine aus Goldpapier gebastelte Krone auf den Kopf und zog ihm eine von Nachbarn geschenkte Seppelhose mit Trägern an.

Ein schöneres Weihnachtsgeschenk konnte ich mir nicht vorstellen. 1957 – ich war 10 Jahre alt – lag unter dem Christbaum das große Wilhelm-Busch-Album. Edel gebunden, in rot gefärbtem Leinen mit Goldprägung. Und wieder war es für mich das schönste Weihnachtsgeschenk auf der Welt. Ich verschlang die Geschichten von Max und Moritz, Lehrer Lämpel, Schneider Böck und Mudder Köhm – „für die war alles angenöhm".

Noch heute lese ich hin und wieder zum xten Mal in dem Album und freue mich immer wieder. Welches Kind heute wäre wohl glücklich, zu Weihnachten ein Buch geschenkt zu bekommen?

Keine Überraschung – Computer-Spielzeug steht auf der Wunschliste ganz weit oben. Mehr bei Jungs als bei Mädchen. Die haben vor allem Barbie-Puppen als Hauptwunsch. Wenn es geht mit voll eingerichtetem Barbie-Haus. Möglichst mit Swimming Pool. Bücher stehen so gut wie gar nicht auf der Wunschliste. Ich glaube aber, daß daran meist die Eltern schuld sind. Kinder können durch Vorlesen ans eigene Lesen herangeführt werden. Aber die Glotze ist ja unkomplizierter. Der Killer N. 1 bei der Entwicklung kindlicher Phantasie und Eigeninitiative.

Was mich überrascht – der gute, alte Teddybär steht immer noch auf der Wunschliste.

Handy – je teurer und aufwendiger – desto beliebter. Handy-Spielen bis zur Sucht. Die Kinder sind zu bedauern. Wie armselig bleiben doch ihre Spiele. Bei meiner Generation war das Spielen interessanter, spannender. Wenn wir aus der Schule kamen – dann beratschlagten wir erst einmal „Was spielen wir heute?"

Vom Auffinden verborgener Schätze – bis hin zum Versteckspielen. Es war immer spannend.

Das größte Weihnachts-Geschenk, das ich als Kind bekommen habe – das war ein Tretroller mit Ballonreifen. Als ein Reifen platzte, heulte ich Rotz und Wasser. Zum Glück konnte mein Bruder Manfred den Reifen wieder flicken.

Oft denke ich daran, was konnten 1945 die Abermillionen deutscher Flüchtlinge ihren Kindern zu Weihnachten schenken? Von einer Flüchtlings-Familie erfuhr ich diese Geschichte: Der Vater hatte heimlich den alten Teddy und die Puppe im Fluchtgepäck versteckt. Heiligabend im Stall eines Bauern in Schleswig-Holstein. Vater hatte einen Christbaum aus Stroh gebaut. Eine einzige Kerze. Darunter lagen in einem Trog aus Holz Puppe und Teddy. Die Kinder weinten vor Glück. Kommt da ein Computer mit?

Eine Horror-Vorstellung für Fotografen

Der Alb-Traum eines jeden Fotografen wurde Wirklichkeit. Nach einer teuren Auslands-Reportage der Tiefschlag: Die Fotos sind allesamt nichts geworden. Die Kamera hatte den Film nicht transportiert – was aber beim Fotografieren nicht zu merken war. Reise nach Togo. Mini-Ländchen auf dem schwarzen Kontinent, früher deutsche Kolonie.

Gemeinsam mit Alfons Goppel, DRK-Präsident von Bayern und Ministerpräsident a.D.

Wunderbare Motive. Mit Kindern, Marktfrauen, Tieren. Afrika ist für Fotografen immer eine Fundgrube.

Wann bekommt man schon einen mit schwarzen Mädchen tanzenden Alfons Goppel vor die Linse und einen Mundharmonika spielenden Staatspräsidenten?

Sogar ein hundert Jahre alter Mann, der stolz sein Zeugnis aus einer deutschen Schule aus der Kaiserzeit in Togo zeigt.

Rettung in der Not kam von der TUI-Pressesprecherin. Sie organisierte eine zweite Reise. Da war zwar kein tanzender Alfons Goppel dabei – aber dafür gab es wieder den Staatspräsidenten, der uns zu einem Festessen einlud – gebratene Buschratten.

Schlußendlich. Es wurde eine prima Reportage, die die Überschrift bekam „Wenn Du Deutscher bist, dann komm nach Togo“. HÖRZU-Chef Peter Bachér war zufrieden. Auch, weil im Text deutlich wurde, daß die angeblich so verhaßten einstigen Kolonialherren in Togo sehr beliebt sind.

Happy und zufrieden war vor allem Uwe Hempen, der Fotograf.

Schlimmer ergangen ist es übrigens Peter Scholl-Latour. Er war vier Wochen durch ganz Afrika gereist. Die Filme als Flugreisegepäck. In Frankfurt wartete er vergeblich am Gepäckband. Die Arbeit von vier Wochen für die Katz – bei hohen Kosten. Die Filme tauchten nie wieder auf.

Die alte Dame, der Spargel und eine schlechte Lüge

Auf dem Bremer Wochenmarkt. Eine ältere Dame stand am Spargel-Stand. Spargel, holsteinischer Katenschinken und Soße Hollandaise. Nicht gerade billig. Altmodisch gekleidet war die Frau. Ein wenig aus der Mode gefallen. Sie ging einen Schritt zur Seite und öffnete einen kleinen rosafarbenen Beutel. Ihre Geldbörse. Ich hörte, wie sie leise vor sich hin sagte: „Das kann ich mir nicht leisten. Schade“. Dann ging sie weiter. Ihre Kleidung alt – aber es war zu sehen, daß es mal teure Sachen waren. Die alte Dame hat vermutlich schon einmal bessere Zeiten gesehen.

Bei solchen Beobachtungen bekomme ich immer sofort „weiche Knie“. Ich mußte nicht lange überlegen. Ich kaufte zwei Pfund Spargel, eine gute Portion Schinken und die Hollandaise. Aber danach der schwierigste Moment – wie geben, ohne die alte Dame in ihrem Stolz zu verletzen?

Ich sprach sie einfach an und sagte: „Entschuldigung. Aber mein Sohn hat viel zuviel Spargel gekauft. Der Händler will ihn aber nicht zurücknehmen. Ich gebe Ihnen den Spargel, den Schinken und die Soße für 8 Euro. Sie täten mir einen großen Gefallen.“

Sie sah mich erstaunt an und sagte: „Sind Sie nicht Herr .... ? Sie kannte mich aus einer Veranstaltung. „Sie sind ein schlechter Lügner“, sagte sie lachend – und da stand ich wie ein begossener Pudel.

„Aber ich nehme Ihnen den Spargel gern ab. Dafür werde ich dann nach der nächsten Rentenzahlung ein wenig spenden".

Wir tranken in der Sögestraßen-Konditorei Knigge noch einen Kaffee. Dabei erfuhr ich, daß ihr Mann in den Fünfzigern selber eine kleine Kaffee-Rösterei hatte. Davon gab es in Bremen Dutzende. Fast überall in der Innenstadt roch es damals herrlich nach frisch gerösteten Bohnen. Meine Zufalls-Bekanntschaft erlebte gute Zeiten. Aber dann kamen die Großen – Jacobs, Eduscho, Tchibo. Die Kleinen konnten bei den Billigpreisen nicht mithalten. Einer nach dem anderen ging pleite.

Die alte Dame und ihr Mann steckten die gesamten Ersparnisse ins Geschäft, um es zu retten. Irgendwann kam aber das Aus. Sie nahm bei Karstadt eine Anstellung als Verkäuferin an, er war wegen des „zu hohen Alters (51) nicht mehr vermittelbar", wie das Arbeitsamt sagte. Um überleben zu können, verkauften die beiden ihr in guten Zeiten gebautes Familien-Haus. Vor fünf Jahren verstarb er. 783,50 Euro Rente bekommt sie. Fast 400 Euro Miete. Billiger war nichts zu bekommen.

Fast zwei Stunden reden wir. Und als wir uns verabschieden – da bin ich richtig froh, daß ich ihr mit einer nicht sehr klugen Lüge den Spargel, den Schinken und die Hollandaise gegeben habe.

Auf die Köppe gepinkelt

Für mich als Kind war der Kindergarten in Kiel ein Gefängnis. Mittagsschlaf, langweiliges Spielen, alles geordnet. Viel schöner war es, in den zerbombten Häusern zu spielen, auf Schatzsuche im dunklen Keller der Schloßruine zu gehen. Kupferne Waschbecken aus den Trümmern abmontieren und zum Schrotthändler zu bringen. Auch das Klauen von Süßigkeiten in den neu aufgekommenen Supermärkten gehörte zu unseren „Spielen“. 5 D-Mark pro Woche kostete der Kindergarten. Da ich so gut wie nie hinging, sparte ich das Geld .... für Süßigkeiten und Eis.

Irgendwann akzeptierte meine Mutter, daß der Kindergarten nicht zu mir paßt. Ich war überglücklich – hatte die Schnauze voll von den Hänseleien der Nicht-Kindergarten-Kinder „Kindergarten, Schweinebraten, Eier, Tomaten.“ Noch am selben Tag beschlossen mein Freund Manni Guse und ich, im Düsternbrooker Gehölz ein Baumhaus zu bauen. Die Bretter dafür fanden wir reichlich in den Trümmerhäusern. Eine bauliche Meisterleistung wurde unser Baumhaus nicht. Wir fanden es „Super“. Andere Kinder waren neidisch auf das Quartier in luftiger Höhe und wollten uns daraus vertreiben. Sie waren älter und stärker als wir. Aber mir fiel eine „grandiose“ Abwehrschlacht ein, und ich drohte: „Wenn ihr auf den Baum klettert, pinkeln wir euch auf die Köppe.“ Als einer das doch versuchte, bekam er den angedrohten Segen von oben.

Aus Rache zertrümmerten sie Tage später unser für die Ewigkeit gebautes Baumhaus.

Meine Liebe zu alten Bäumen und Baumhäusern blieb mein ganzes Leben. Vor 10 Jahren baute ich mir auf dem väterlichen Grundstück in Lettland ein bewohnbares Baumhaus rund um eine etwa 250 Jahre alte Eiche .... wie ein Ein-Familien-Haus in Mini-Format. Mit zwei Zimmern, einer Küche und Badezimmer mit Dusche und Toilette. Zwei Etagen. Direkt am Flüßchen Svitene.

Im kältesten Winter trägt der Baum an den Ästen im Baumhaus grüne Blätter.

Sonnenaufgang, Sonnenuntergang. Ein herrlicher Ausblick vom Baumhaus aus über die Felder.

Jeden Abend das Singen einer Nachtigall. Hin und wieder Plätschern im Fluß. Biber. Mit denen stehe ich aber auf Kriegsfuß, seit sie meinen Baumhaus-Baum anknabberten. Kleine Stromstöße austeilende Drähte vergraulten ihnen das Knabbern.

Ein weiter Weg vom „Auf-die-Köppe-pinkelnden-Baumhaus“ bis zum richtigen Baumhaus.

Das Kreuz mit dem Essen und der Religion

Das war schon eine bunte und ungewöhnliche Gesellschaft. Ich hatte Freunde eingeladen. Einen türkischen Moslem, einen katholischen Pfarrer, einen baltendeutschen evangelischen Pfarrer, einen jungen Hindu und ein buddhistisches Mädchen.

Schon bei der Vorbereitung des Essens mußte ich wie ein Luchs aufpassen. Rindfleisch? Das gibt Probleme mit dem Hindu. Schwein? Der Moslem würde sich provoziert fühlen. Was bleibt? Vegetarisches Essen und Fisch.

Natürlich kamen wir auf die Eßgewohnheiten zu sprechen. Ali, der Moslem: „Ich habe einmal gesündigt. Deutsche Freunde hatten mich zum Grillen eingeladen. Die gegrillten Schweinekoteletts rochen herrlich. Allah wird mir das eine Mal verzeihen." Fast ein Jahr hatte Ali ein schlechtes Gewissen – aber geschmeckt hatte es trotzdem.

Samir, der Hindu, ist vor den fanatischen Taliban-Mördern aus Afghanistan geflohen.

Hindus und Kühe. Ein besonderes Problem. In Indien wird gehungert, aber die Kühe bleiben unangetastet. Von wegen Rindfleisch. Der Hindu-Gott Krishna soll bei einem Kuhhirten aufgewachsen sein. Die Mutter aller Kühe soll Wünsche erfüllen können. Sie wird wie eine Mutter verehrt.

Rindfleisch auf dem Teller? Ausgeschlossen. Kaum zu glauben – aber es stimmt: Besonders fanatische Hindus trinken sogar den Urin der Kühe.

Lieber hungern statt reichlich vorhandenes Rindfleisch essen. Unkompliziert ist es mit dem buddhistischen Mädchen. Da gibt es keine Verbotsliste. Herrliche Gerichte.

Abgesehen von der Fastenzeit – auch keine Eß-Probleme mit Christen.

Fleisch in der Fastenzeit. Absolutes Fleischverbot. Mönche im Mittelalter fanden aber einen Ausweg. Sie bestimmten ganz einfach: Der Biber ist ein Fisch. Fisch darf man essen.

Zum Glück ist Kannibalismus keine Religion. Freitag, der farbige Mann, den Robinson Crusoe vor den Menschenfressern befreite, ist vermutlich Vegetarier geworden. Er würde die Grünen wählen, weil die Fleisch-freie Tage wollen.

An gebrochenem Herzen gestorben

Es war nur ein kleiner Blumenstrauß. Aber mit Liebe zusammengestellt und gebunden. Die Wirkung war groß. Der Strauß kam im richtigen Moment. Die alte Dame war einsam. Nach fast 60 Jahren Ehe war ihr Mann plötzlich und unerwartet gestorben. Obwohl er sein ganzes Leben nicht einmal krank war und bis ins Alter Sport getrieben hatte.

Die Tochter lebt in Spanien, der Sohn in Neuseeland. Einen Freundeskreis hatte die alte Dame nicht. Sie und ihr Mann .... die zwei waren sich genug. Sie fiel in ein tiefes Loch, hatte dunkle Gedanken. Manchmal öffnete sie den Kleiderschrank, roch an seiner Kleidung. Abgeben ans Rote Kreuz oder die CARITAS? Das kam für sie nicht in Frage.

Durch die Todesanzeige hatte ich vom Ableben unseres treuen Anhängers erfahren. Ich versuchte, die Frau durch einen einfühlsamen Brief ein ganz klein wenig zu trösten und sagte, daß es nur ein vorübergehender Abschied ist und es im Jenseits ein Wiedersehen gibt.

Aber wer kann einen Menschen trösten, wenn sein Liebstes gegangen ist? Die Vorbereitungen der Beisetzung, Behördengänge, Erbschaftsangelegenheiten .... in den ersten Wochen kommt der Trauernde kaum zum Nachdenken. Erst wenn alles erledigt ist – dann überfällt ihn die Einsamkeit. Am Morgen wacht man allein auf, tastet mit der Hand auf die andere Seite des Ehebettes. Aber da ist keiner mehr.

Wie schön war das Frühstück zu zweit jeden Morgen. Nach dem Frühstück die Nachrichten im ZDF; danach Die WELT und BILD. Fast widerwillig nun allein Frühstück. Kein Gespräch mehr mit dem Partner, keine Pläne für den Tag. Nur das gleichmäßige Ticken der Wanduhr, die ihr Mann immer aufgezogen hatte.

Ein guter Ehemann. Einmal in der Woche kaufte er Blumen für sie, strich ihr über die weiß gewordenen Haare, die einmal pechschwarz waren, sagte voller Zärtlichkeit: „Du bist und bleibst für mich das Beste, was ich im Leben hatte und habe." Sie liebten Schlagermusik aus den Fünfzigern. Favorit: „Wir wollen niemals auseinandergehen." Gesungen von Heidi Brühl. Diesen Schlager spielte sie oft und hatte dann das Gefühl, daß er mithört.

Politisch waren die beiden einer Meinung, hielten treu zu den Konservativen. Wochen nach seinem Tod rief sie mich an. Nach wenigen Sätzen war mir klar, daß sie unbedingt mit jemandem sprechen wollte, ihr Herz ausschütten. Fast eine Stunde redete sie und mich überkam tiefes Mitleid. Wir vereinbarten, daß wir künftig einmal pro Woche ausgiebig telefonieren. Ich wartete auf einen Mittwoch. Das war der Tag, an dem ihr Mann immer die Blumen gekauft hatte. Und dann stand der Blumenbote vor der Tür. Sie weinte vor Glück.

Als sie sich vier Wochen nicht bei mir meldete, fuhr ich zu ihrer Hamburger Wohnung. Ich klingelte vergeblich. Ein Nachbar öffnete die Tür und sagte: „Sie lebt nicht mehr. Wir im Haus glauben alle, daß sie an gebrochenem Herzen gestorben ist."

6 Richtige im Lotto

Das große Los gezogen! Was machst Du, wenn es 6 Richtige im Lotto gibt – plus richtiger Zusatzzahl 11 Millionen D-Mark? Unser Lehrer stellte uns dieses Aufsatzthema. Wir waren 15 Jahre alt.

„Ich würde meinen Eltern ein Haus bauen und eine Weltreise schenken“ schrieb einer. „Bei mir in der Straße wohnt ein Querschnittsgelähmter. Er bekäme von mir einen elektrischen Rollstuhl“ – ein anderer. „Für mich soll ein großes Kaufhaus für einen Tag geschlossen werden. Ich würde dann in Ruhe alles zusammentragen, was mir gefällt“ schrieb Monika. Klaus: „Ich träume davon, einmal in Rio zu einem Spiel ins Fußballstadion zu gehen“.

Was mir am besten gefiel – Bärbel würde die Hälfte dem Pfarrer geben, der es an die Armen verteilen müßte. Es ist verrückt – aber ich habe vergessen, was ich geschrieben habe.

Aber ich wüßte genau, was ich mir heute – dank der 11 Millionen – wünsche. Eine Million bekämen russische Putin-Gegner. Dieselbe Summe ginge an chinesische Oppositionelle. 3 Millionen würde ich für die sozialen Hilfen einsetzen, die von den Konservativen seit Jahrzehnten gemacht werden. 2 Millionen für eine gewaltige Werbekampagne der Deutschen Konservativen – damit wir eine große und einflußreiche Organisation werden.

Für den Rest? Das muß ich mir noch überlegen. Aber so wie ich gestrickt bin – das Geld würde aller Wahrscheinlichkeit nach für konservative Politik draufgehen und für soziale Hilfen.

Einen ganz persönlichen Wunsch würde ich mir erfüllen: Eine Weltreise mit einem Kreuzschiff und den verschiedenen Zügen des Orient-Express.

Ein Federbett – das ist ein Schatz

Wenn es in den Nächten zu kalt wird – dann gehen viele Russen mit Stiefeln zu Bett, mit ihren „Walinkis-Stiefeln" aus gepreßtem Filz, mit denen man auch auf der Straße spaziert. Diese klobigen Dinger sind ganz hervorragend geschaffen für die winterliche Eiseskälte. 30 Grad Minus – das schmerzt im Gesicht. Der kleinste Windzug – und es pieken 1000 Stecknadeln auf der Haut.

Es kommt in Rußland immer wieder vor, daß Menschen in den eisigen Nächten in ihren Betten erfrieren. Nach wie vor ein Traum: Federbetten. Normal, daß bis zu vier Personen unter einem Federbett schlafen. Walinkis und Federbetten – wer beides hat, der kann sich glücklich schätzen, ist schon privilegiert.

Kälte ist unbarmherzig. Jahr für Jahr hat der Tod reiche Ernte. Junge Leute in Deutschland können sich nicht mehr vorstellen, was es heißt zu frieren oder zu erfrieren. Kalt? Dann wird die Heizung ein wenig höher gedreht – oder man macht es sich gemütlich vor dem Kamin. Ich wurde im Jahrhundertwinter im Januar 1947 im oberen Zipfel Schleswig-Holsteins geboren. Eine winzige Brennhexe wurde mit soviel gesammeltem Holz versorgt, daß sie glühte. Trotzdem blieb das Thermometer bei 6 Grad plus stehen.

Zum Glück hatten wir Federbetten, die waren aus Kiel. Von dort aus war meine Mutter mit drei Kindern 1943 nach Nordfriesland evakuiert worden – wegen der ständigen Bombenangriffe. Die nordfriesischen Bauern schliefen damals noch auf Stroh, und es war im Dorf bekannt, daß „die Frau“ aus Kiel Betten mit Matratzen hatte.

Der Winter war so kalt, daß sogar große Teile der Nordsee und Ostsee zugefroren waren. Bis zu 40 Grad Minus!

Ich organisiere jedes Jahr vor Weihnachten große Kampagnen für den Kauf von Federbetten in Lettland – und immer wieder denke ich, daß damit doch nun bald Schluß sein müßte. Pustekuchen. Hunderte von Menschen warten immer wieder auf die Federbetten. Auch die alte Austra bekam so ein Bett. Sie streichelte es fast zärtlich und meinte: „Aber Joachim, das ist doch viel zu schade für mich.“ Sie wollte sich weiter mit ihren alten Wolldecken der Wehrmacht zudecken. Es dauerte einige Tage, bis sie das Federbett akzeptierte. Nach ein wenig sanfter Gewalt. Ich hatte gedroht, ihr die Wolldecken abzunehmen. Ich glaube, daß es noch volle 10 Jahre dauert, bis meine Federbetten-Kampagne nicht mehr gefragt ist.

Die Brille und ein rohes Ei

Kinder mit Brille – die hatten es in den Fünfzigern nicht leicht. Es gab für Kinder nur zwei „Kassen-Gestelle" – und die waren alles andere als schön. Sie wurden von anderen Kindern mit dem Wort „Brillus" verspottet, und es gab derben Spott wie „Sein letzter Wille – ein Mädchen mit Brille."

Heute? Eine breite Mehrheit der Deutschen finden es schick, eine Brille zu tragen. Optiker bieten Hunderte in allen Preisklassen, Farben und Formen an.

Es ist spannend die Geschichte der Brille zu erforschen. Einer der ersten Brillenträger überhaupt war der römische Kaiser Nero. Aber das waren keine Sehhilfen. Er hielt sich vermutlich gefärbte Gläser oder Kristalle vor die Augen, um sie vor dem Sonnenlicht zu schützen.

Als eine Art Vorläufer der Brille können wir auch polierte Halbkugeln aus Glas oder Quarz betrachten, die schon 2000 Jahre vor Christus zur Vergrößerung von Schrift genutzt wurden.

Sicher ist auch, daß der Mönch Alexander de Spina aus Pisa Brillen angefertigt hat.

40 Millionen Deutsche tragen eine Brille, und sie erleichtert ihnen das Leben. Wer wegen einer Brille sein Leben verlor? Sämtliche Brillenträger in Kambodscha wurden von den Schergen des Wahnsinnigen Pol Pot erschlagen, weil sie als intellektuell galten und

dem Ausbau des gewünschten Steinzeit-Kommunismus im Weg standen.

Ich selber trage seit meinem zwanzigsten Lebensjahr eine Brille. Die erste, die mir verpaßt wurde, war eine Schießbrille bei der Luftwaffe der Bundeswehr. Später benutzte ich Kontaktlinsen. Heute kann ich mir ein Leben ohne Brille überhaupt nicht mehr vorstellen.

Schwer bei uns Straßengören hatten es die Schmidt-Kinder aus der Steinstraße 6 in Kiel. Alle acht Kinder waren Brillenträger. Sie waren einem bösen Dauerspott ausgesetzt „Brillus, Brillus". Als der Vater sich deswegen bei meiner Mutter beschwerte, sann ich auf Rache. Ich paßte einen der Schmidt-Söhne ab und klatschte ihm ein rohes Ei an die Stirn. Das bekam nicht nur dem Schmidt-Kind schlecht. Die acht Schmidt-Kinder vermöbelten mich nach Strich und Faden.

Woher hat der liebe Gott den Tabak?

Hermann war 8. Da glaubte er „Oben im Himmel, wo Sonne, Mond, Sterne und Wolken sind – da lebt der liebe Gott. Ein Mann mit weißem Rauschebart und vielen, vielen kleinen Engeln". So ähnlich wie sein Großvater, der meist im Lehnstuhl saß und Pfeife rauchte. Vielleicht raucht der liebe Gott ja auch Pfeife und aus dem Rauch werden Wolken – dachte Hermann. Nur – und darauf fand der Junge keine Antwort – nur, woher bekommt der liebe Gott den Tabak? Vielleicht von Maria, wenn sie unerkannt auf der Erde spaziert. Opa kaufte den Tabak beim Krämer um die Ecke. Vielleicht sollte Hermann dem Krämer sagen „Wenn eine Frau in den Laden kommt, die wie Maria aussieht, dann geben Sie ihr den Tabak kostenlos. Als Dankeschön, daß ich gesund bin und so gute Eltern habe. Opa wird die Kosten für den Tabak des lieben Gottes übernehmen."

Hermann war 20. Sein Glaube an Gott war „ein wenig" anders geworden. Er hatte gemerkt, daß viele Menschen nicht so lebten, wie es in den 10 Geboten gesagt wird. Es gibt Kriege, Kriminalität, krankhafte Eifersucht und Eitelkeit. Warum läßt der liebe Gott das zu? Wenn er Tote zum Leben erwecken kann, wieso sorgt er nicht dafür, daß alle nach den 10 Geboten leben? Das wäre doch eine ganz großartige Welt. Hermann sprach den evangelischen Ortspfarrer darauf an. Der druckste erst ein wenig herum – antwortete aber schließlich so: „Unser Herrgott hat uns Menschen alle Freiheiten gegeben. Die Freiheit zum Guten aber auch zum Bösen". Im „Vater unser" bitten wir ihn „und führe uns nicht in Versuchung".

Die Sympathie des lieben Gottes läßt sich auch nicht erkaufen. Manch einer glaubt, daß das möglich ist, wenn er den Armen hilft oder Kranke pflegt. Das funktioniert vermutlich nur dann, wenn solche Hilfen aus reinem Herzen kommen – nicht nach dem Motto „Ich tu Gutes – nun tu Gutes für mich. Vielleicht eine Gehaltserhöhung oder das Bundesverdienstkreuz." Ein armes Mütterchen, das nicht schenken kann, weil sie nichts hat und anderen nicht helfen kann, weil sie krank ist – dieses Mütterchen ist dem Herrgott vielleicht lieber als der Gebende, weil sie bedingungslos an ihn glaubt und nach seinen Geboten lebt.

Hermann ist 85. So nah wie heute war er Gott noch nie. Seit einem Jahr ist er Witwer – nach 62 Ehejahren. Er vermißt seine Trude. Angst vor dem Tod? Nein. Er hat nach Gottes Geboten gelebt, und er ist sicher, daß er im Jenseits wieder mit seiner Trude vereint ist.

Ein chinesischer Richter und Kommunist, der Tausende von Christen in den Tod schickte, weil sie sich geweigert hatten auf eine Bibel zu spucken: „Ich habe viele Menschen sterben sehen. Alle hatten Todesangst. Die meisten Christen starben mit einem Lächeln im Gesicht und einige sagten: ‚Vergib ihnen, denn sie wissen nicht, was sie tun'."

Ich liebte diese kleine Wohnung

Ich liebe meine Wohnung. Wohnung – das ist für mich mehr als nur ein Dach über dem Kopf. Die Wohnung ist meine engste Vertraute. Ich komme zu ihr, schließe die Tür – und alle Probleme bleiben draußen. Freunde sagen, daß ich mich von der Wohnung abhängig mache. Stört mich nicht, in die Einrichtung meiner ersten Wohnung habe ich alle Liebe und viel Geld gesteckt. Dachwohnung im Zentrum Bremens. Am Wall 148.

In der ersten Etage war das BILD-Zeitungs-Büro, in der 5. Etage – Dachwohnung – wohnte die Reinemachefrau. Ihr Mann bekam einen guten Arbeitsplatz in Süddeutschland – und die Wohnung wurde frei. Ganze 260 D-Mark Miete verlangte die Hausbesitzerin, eine alte Apotheker-Frau. Die Wohnung war in einem erbärmlichen Zustand. 20 Jahre wurde nichts gemacht. „Bist Du verrückt, diese schäbige Bude zu mieten"? sagten Freunde. Ich suchte mir einen guten Arbeiter – und der machte in fünf Monaten aus der Wohnung einen Wohntraum. Goldgelbe Wände und ein zart-roter Fußboden mit feinster Auslegeware. Die Küche grün, das Schlafzimmer in einem dezenten Lila. Dazu die passenden Möbel. Blick auf die Wall-Anlagen. Im Dachgiebel richtete er mir eine holzgetäfelte Bar ein. Das war in den Siebzigern „in". Aus dem Dach machte ich einen Dachgarten mit herrlicher Blütenpracht und Blick über die Dächer der alten Hansestadt.

Groß war die Wohnung nicht. Ein kleines Wohnzimmer, ein Eßzimmer, Flur mit Küche und Schlafzimmer – mit Tür zum Bad.

Eine schönere Wohnung konnte ich mir nicht vorstellen. Eine Wohnungs-Illustrierte wollte einen Bericht mit Fotos machen. Ich sagte: „Nein“. Das wäre für mich wie ein intimer Einbruch gewesen. Natürlich war es ein Riesen-Vorteil, daß ich das BILD-Büro im selben Haus hatte. Nur einige Stufen abwärts – und ich war an meinem Arbeitsplatz. Ich steckte rund 60.000 D-Mark in die Wohnung. Aber ich rauche und trinke nicht – und verdiente als Redaktionsleiter bombig. Und außerdem war die Miete ein Witz. Trotz meiner 27 Jahre. Ich habe die Investition nie bedauert, obwohl sie wirtschaftlich unvernünftig war. Aber Gefühle können stärker sein als Vernunft .... und ich genoß es, wenn ich nach Feierabend mit Mitarbeitern in meinem Dachgarten saß und grillte.

Was ich nicht wissen konnte: Peter Tamm, der Generalbevollmächtigte des Springer-Verlags, machte mich für ein Jahrzehnt zur „Leihgabe“ des Verlags für die Wahlkämpfe der CDU und CSU. Ich mußte nach Bayern, Hessen und andere Bundesländer. Ich war kaum in meiner Bremer Wohnung.

Nach 15 Jahren mußte ich sie aufgeben, weil ich nach Hamburg verzog und zur HÖRZU ging. Der Abschied von meiner Wohnung war für mich wie die Trennung von einer Geliebten.

Das erste Loch in der Mauer

Einsatzort: Die Mauer an der Bernauer Straße in Berlin. Genau da wollten wir das erste Loch überhaupt in diese schreckliche Mauer schlagen. 10 junge Leute von der Konservativen Jugend Deutschlands. Mitte der siebziger. Die Wiedervereinigung war von den meisten Politikern längst abgeschrieben. Nur noch Lippenbekenntnisse. Die Realitäten anerkennen – hieß es. Wer für die Wiedervereinigung kämpfte – der war „kalter Krieger oder Utopist." Ich gehörte an vorderster Front zu diesen „Utopisten".

Die schwarz-rot-goldene Fahne wollten wir durch das Loch stecken. Außerdem drei Dutzend weiße Tauben wollten wir am Einsatzort fliegen lassen. Zeichen einer friedlichen Aktion. Außerdem machte es sich gut für die Kameras. Ein wenig abgekupfert von den Kommunisten – aber das machte es um so reizvoller. Eine halbe Stunde vor dem Einsatz bekam ich kalte Füße. Die Mauer stand auf Ost-Berliner Gebiet. Von dort aus konnte uns die West-Berliner Polizei nicht vertreiben – aber die Volkspolizei? Was, wenn sie „hopp" über die Mauer sprang und sich einige der jungen Demonstranten schnappte?

Ich hatte eine Verantwortung für die Jungs.

Es gab lange Gesichter, als ich sagte: „Wir gehen an einen anderen Platz. Die Mauer ist ja lang genug."

Ein neuer Platz war schnell gefunden. Alles klappte wie am Schnürchen. Das Loch in den dicken Beton schlugen wir mit Hammer und Meißel, Bauarbeiter, die auf Westgebiet an einem Neubau arbeiteten, gaben uns einen Preßlufthammer. Die Tauben flatterten, das Loch brachte uns zum Jubeln, und die deutsche Fahne fiel auf den Todesstreifen.

Ich bin noch heute stolz auf diese Aktion. Jahre später konnte ich meine Stasi-Akte einsehen. Da stand es schwarz auf weiß. Ein Mitglied aus dem Bundesvorstand war ein eingeschleuster Spitzel. Er hatte die Aktion der Stasi verraten. Alles. Den Ort, die Uhrzeit, die Anzahl und Namen der jungen Leute.

Die Stasi wartete schon an der Bernauer Straße!

Ich behielt diese Schock-Nachricht zunächst für mich. In der nächsten Bundesvorstandssitzung legte ich die Stasi-Akte auf den Tisch. Der Stasi-Spitzel stand auf und ward nie wieder bei den Konservativen gesehen. Eigentlich hätte ich ihm eine gehörige Portion Prügel gewünscht. Seinetwegen hätten beinahe junge, idealistische Jugendliche für Jahre in SED-Gefängnissen schmachten müssen.

Sing Frau Urzel ein Lied!

Anständig war das nicht – aber es machte uns Riesenfreude mit 17 Jahren. Mein Berufsschulkamerad und Freund Manfred Reuß arbeitete am Wochenende oft in der Geschäftsstelle der Bremer CDU am Herdentorsteinweg. Die Telefonanlage hatte es uns angetan. Wir wählten Nummern von Bekannten, die sich spinnefeind waren und schalteten den Lautsprecher ein. Es lief immer so ab: „Was wollen Sie denn?“ –„Wieso ich hab Sie doch nicht angerufen.“ – „Sie haben mich angerufen.“ – „Lügen Sie nicht. Sie haben mich angerufen.“ Das ging so hin und her. Dann knallten beide wutentbrannt den Hörer auf. Fein war unser Spiel nicht. Aber 17 Jahre .... Wir hatten unbändige Freude daran.

Ein anderes Mal riefen wir mit verstellter Stimme irgendeine Nummer an und meldeten uns mit „Frau Urzel“. Diese Frau Urzel konnte professionell jammern „Ich bin so schrecklich einsam, 93 Jahre, können Sie mir ein Lied vorsingen?“ Die meisten hielten Frau Urzel tatsächlich für eine Frau Urzel – und um das jammernde Muttchen ein wenig zu trösten, sangen die meisten.

Frau Urzel bedankte sich immer höflich und bekam sogar Einladungen zum Kaffee. Aber Frau Urzel nahm die Einladung nie an.

Heute vergnügen sich junge Leute mit ihren Handys. Da sind andere Frau Urzels gefragt.

Die guten, alten Telefone. Sie konnten unbändigen Spaß bringen. Frau Uuuuuuurzel!

Du bist dick – und Du bist doof

Dicke Kinder –, die hatten es schwer in den Fünfzigern, wurden oft ausgegrenzt. Welches Kind war damals schon dick? Wir waren ja fast alle spindeldürr – und wenn wir Glück hatten, dann gab es eine 6-Wochen-Verschickung in den Schwarzwald in ein Kinderheim. Zweimal kam ich für jeweils 6 Wochen ins DRK-Kinderheim in Bad Dürrheim. Einige Kinder bekamen Heimweh – ich fand es ganz einfach nur „toll". Am Anfang der Erholung wurden alle Kinder gewogen – und dann am Ende nach 6 Wochen. Erholt oder nicht? Das wurde ausschließlich daran gemessen: Hat der Junge zugenommen oder nicht?

Bei mir war es immer ein voller Erfolg. Einmal 2½ Kilo plus, einmal sogar 3 Kilo.

Aber immer noch dürr genug, um durch die engen Gitterstäbe vor den Fenstern des Kieler Schlosses zu krabbeln, um im Keller der Ruine nach verborgenen Schätzen zu suchen.

Wer zu fett war – der gehörte einfach nicht dazu. Kinder ....

Heute ist es eher umgekehrt – es gibt nur noch wenige, die spindeldürr sind. Dafür reichlich Fette.

Rund zwei Millionen Kinder und Jugendliche sind übergewichtig. Gelenkprobleme sind die Folge, Diabetes und Bluthochdruck. Im Erwachsenenalter nehmen diese Beschwerden zu. Zwei Millionen dicke Kinder – das ist jedes siebte.

Sozial benachteiligte Kinder und Jugendliche sind viermal so oft übergewichtig. Weniger als die Hälfte werden später die Pfunde los.

Gründe für die Fettleibigkeit:

Zu wenig Bewegung
Zu viel zuckerhaltige Getränke.
Lebensmittel, die zu fett sind, zu salzig oder zu süß.

Keine Probleme mit seinem Übergewicht hat Michael Stange, der frühere Chef der Konservativen Jugend Deutschlands. Wenn ich ihn mit dem Satz ärgere „Du bist dick“ – dann kommt die Antwort „und Du bist doof“.

So war Mehmet

Mehmets Figur erinnert an eine Pyramide. Ganz oben spitz und klein, je weiter es nach unten geht, breit, und ausladend. Ich kann es auch deutlicher sagen: Mehmet hat einen Kopf wie ein Vögelchen und einen Hintern wie ein Brauereigaul. Im Kopf war wenig, in den Armen viel. Mehmet arbeitet bei der Hamburger Müllabfuhr.

Was ihn sympathisch macht: Er ist der beste Ehemann, den eine Frau sich wünschen kann und ein liebevoller Vater. Manchmal kommt Mehmet zu uns ins Büro. Er spürt, daß ich ihn voll akzeptiere und schätze. „Joachim" – sagte er einmal – „Ich habe nicht viel in der Birne. Aber bin ich als Mensch deswegen weniger wert als ein Mann mit Abitur und Studium?" Das ging unter die Haut. „Mehmet" antwortete ich, „Du bist einer meiner besten Freunde, obwohl du Moslem bist und ich Christ. Du bist mir mehr wert als hochnäsige Akademiker, die den Doktor-Titel auf ihrem Briefbogen größer drucken lassen als den eigenen Namen."

Mehmet hat eine deutsche Frau. Krankenschwester, katholisch. Mehmet war damit einverstanden, daß auch seine beiden Söhne – Hakan und Ali katholisch getauft werden und Gottesdienste besuchen.

Mehmet und seine Frau Carina – das war eine Liebesheirat. Mehmets Eltern waren dagegen, vor allem der Vater – und auch Carinas Eltern sagten: „Das kann nicht gut gehen". Sie behielten Unrecht. 15 Jahre sind die beiden schon verheiratet, und verliebt wie am ersten Tag. Mehmet verdient bei der Müllabfuhr gut, mehr als seine Frau als examinierte Krankenschwester. Die Kinder sind aktiv in einem Fußballverein und bekommen privaten Musik-Unterricht für Klavier und Saxophon.

Beide gut in der Schule. Mit Sicherheit werden sie in einigen Jahren ihr Abitur machen.

Mehmets Leben erinnert mich ein ganz klein wenig an meinen italienischen Freund Antonio aus Bozen in Südtirol.

Seine Mama konnte weder lesen noch schreiben. Aber sie verhalf ihrem Sohn zu einem Medizinstudium. Als Arzt fand er zunächst keine Anstellung. Kein Geld in den Krankenhäusern. Antonios Mama wollte das nicht akzeptieren. Sie kämpfte so lange für ihren Sohn, bis der Gesundheitsminister aufmerksam wurde und sie einlud. Ergebnis des Gespräches: Ihr Antonio bekam einen Vertrag bei einer Klinik in der Heimatstadt Potenza. Heute praktiziert er als Lungen-Facharzt in Bozen.

Patrizia, seine Frau, auch Ärztin, die Kinder Apotheker.

Mehmet und Antonio. Unterschiedlicher, als es kaum sein könnte. Trotzdem haben sie ein ganz klein wenig gemeinsam.

Das Ännchen von Tharau und der Spieler

Spielsucht kann noch schlimmer sein als Alkoholismus. Da ist der verrückte Gedanke auf den „großen Gewinn“ im Kopf – beim nächsten Mal ganz bestimmt. Und das Geld wird immer weniger, beim Casino mehr.

Der Staat ist einäugig. Bei Rauschgift schlägt er mit Recht zu. Aber an der Spielsucht der Menschen verdient er ein Vermögen. Allein beim Lotto schöpfte der Staat 2019 bundesweit 1,5 Milliarden Euro ab. Ob im Internet, im Casino oder ganz simpel in der Kneipe – die Leidenschaft der Deutschen beim Glücksspiel ist ungebrochen. Ich kenne ein Ehepaar – die spielen im Monat für 600 Euro (!) Lotto, obwohl sie keine üppigen Renten haben. Alle Dämme brachen sie, als sie vor 11 Jahren die richtigen Zahlen getippt hatten. Der Gewinn: 64.000 Euro. Hin und wieder Mini-Gewinne. Rechnet man die Einsätze auf 11 Jahre um – dann kommen fast 700.000 (!) Euro zusammen. Der Wert eines erstklassigen Hauses.

Ich hatte einen jungen Mitarbeiter aus Litauen, der spielsüchtig war. Als der Gerichtsvollzieher sein letztes Hab und Gut gepfändet hatte, versuchte er, sich umzubringen, sprang ins Wasser.

Es dauerte eine Zeit, bevor ich begriff, daß er spielsüchtig ist. Ich wurde erst mißtrauisch, als er sich von anderen Mitarbeitern immer wieder Geld pumpte.

„Der geht auf der Hamburger Reeperbahn ins Spielkasino“, vermutete Murat, unser Büroleiter. Wir legten uns auf die Lauer. Volltreffer. Er war dort als „Kunde“ bei jedem Angestellten bekannt.

Nach und nach bekam ich die ganze Wahrheit heraus. Er war aus Litauen vor Ganoven geflohen, die ihn bedrohten, weil er bei denen hohe Spielschulden hatte. Mehr als 50.000 Euro. Mit gerade mal eben erst 20 Jahren.

Ich hatte ihn in Litauen kennengelernt. Dort saß er am bekannten Ännchen-von-Tharau-Brunnen, spielte auf einem Schifferklavier und sang dazu mit einer unglaublichen Stimme das Ännchen. Perfektes Deutsch sprach er. Ich gab ihm meine Adresse – und eines Tages stand er vor der Tür, hatte nichts bei sich, keinen Koffer, keine Tasche – nur das, was er auf dem Leib trug. Ich hatte Mitleid und gab ihm im Büro bezahlte Arbeit und eine kleine Wohnung.

Eine Gästewohnung des Büros. Die ersten Monate machte er sich gut, war fleißig, pünktlich, zuverlässig.

Ein befreundeter Hotel-Direktor sagte ihm auf mein Bitten einen Ausbildungsplatz als Hotelkaufmann zu – in einem Jahr.

In dem einen Jahr ging es immer mehr bergab. Ich gab ihm eine letzte Chance. Im Casino erwirkte ich ein Hausverbot für ihn. Alles für die Katz. Er fand immer wieder Wege, um sein Geld zu verspielen.

Nach einem Wochenende kam er nicht mehr ins Büro. Ich weiß bis heute nicht, wo er geblieben ist. Auch seine Familie in Litauen hat nichts mehr von ihm gehört.

„Ne Brat mit Curry“

Anfang der Sechziger hatte ich in Bremen ein Altenheim gesehen – und war geschockt. Es sah erbärmlich aus. Keine Gemütlichkeit – es fehlte ganz einfach das Herz in einer kalten Umgebung. 17 war ich, wollte helfen. Ich schrieb Firmen an und bat um Hilfe. Die Resonanz war groß – es machte Eindruck, daß ein Siebzehnjähriger an Alte dachte. Aber das Ergebnis war anders als vermutet. Ich hatte ja keinen Verein, der Spendenquittungen ausstellen konnte. Also schickten mir die Bremer Firmen ihre Produkte. 500 Flaschen „Badedas“, gleichviel Dosen „Poliboy“, eine Palette mit Fischkonserven und massenweise Schokolade der Bremer Firma Hachez. Ein Bratwurst-Produzent spendierte 1000 Gutscheine, die an seinen Bratwurstbuden eingelöst werden konnten.

Da saß ich nun auf Bergen ungewöhnlicher Spenden. Allein mit Poliboy hätte man eine ganze Möbelfabrik zum Glänzen bringen können.

Verkaufen und das Geld dem Altenheim geben? Wer kauft mir schon Poliboy und Badedas ab?

Ich gab sämtliche Spenden dem Altenheim. Das „an den Mann bringen“ war deren Sache. Das Altenheim brachte es zu anderen Altenheimen. Es dauerte wohl noch Jahre bis das Roßkastanien-Präparat Badedas verbraucht war. Was aus Poliboy geworden ist? Das kann ich nur vermuten.

Die beste Idee waren die Bratwurst-Gutscheine. Wer im Altenheim noch gut zu Fuß war, der ging zum nächsten Bratwurststand und bestellte eine Brat mit Brötchen und Senf. Einige „ne Brat mit Curry."

Fanatismus bei Christen

Menschen mit tiefem Glauben – die bewundere ich. Religiösen Fanatismus finde ich gräßlich. Das eine wie das andere habe ich erlebt. Eine Familie im Westerwald zum Beispiel. Die 14jährige Tochter wollte am Mittagstisch nicht beten. Statt dem Mädchen den Sinn von Dank-Gebeten zu erklären, sagte die Mutter den bitterbösen und alles andere als christlichen Satz: „Ei, wann die sterbe dät, dät isch nit weine". Ich war dabei, habe es selber gehört.

Fanatismus auf katholischer Seite. Und bei den Protestanten? Ich kannte ein inzwischen verstorbenes Ehepaar. Die Frau überzeugte Lutheranerin, der Mann Katholik. Sie verzichteten darauf, Kinder zu haben, weil der Ehemann auf katholischer Erziehung bestand und die Frau auf evangelischer. Ein mir gut bekannter evangelischer Politiker brach jeglichen Kontakt zu seinem Sohn ab, weil der eine katholische Frau heiratete.

Ich glaube nicht, daß uns eines Tages der Herrgott fragen wird, ob wir evangelisch oder katholisch waren.

Der evangelische Christ, der bei mir das höchste Ansehen hatte, war unser guter Dr. Gustav Krüger, Vorsitzender des Ältestenrates. Tage vor seinem Tod sagte er mir: „Ich habe keine Angst vor dem Sterben. Ich freue mich darauf, weil ich sicher bin, daß ich bald bei meiner lieben Frau bin."

Die war zwei Jahre vor ihm gegangen, liebte ihren „Gustav" über alles.

Was aus unseren jungen Leuten wurde

Sie wurden von ihren Lehrern angefeindet, benachteiligt und bekamen – ungerechter hätte es kaum sein können – schlechte Zeugnis-Noten. Und trotzdem haben sie ihre Gesinnung und Ideale nicht verleugnet. Mitglieder der Konservativen Jugend Deutschlands.

Trotz aller Probleme – sie sind ihren Weg gegangen. Einer studierte Theologie und wurde katholischer Geistlicher. Michael Stange, der Vorsitzende, wurde BILD-Chefreporter und ist heute Herausgeber einer großen Frauenzeitschrift.

Detlef Huber, der sich Ärger mit der Schule einhandelte, weil er auf dem Schulhof Flugblätter verteilte, studierte in Spanien, Brasilien und Deutschland internationales Recht, machte seinen Doktor und ist heute gefragter und erfolgreicher Anwalt für internationales Recht.

Auch mehrere Handwerksmeister sind dabei. Drei Ärzte, ein Kunst-Professor und etliche Lehrer.

Keiner verleugnet seinen politischen Weg. Als junge Leute haben sie das erste Loch in die Berliner Mauer geschlagen, 13. August oder 17. Juni. Immer gab es ungewöhnliche Aktionen. Das meiste spielte sich in den achtziger Jahren ab. Damals waren die Medien noch nicht so links wie heute.

Die FAZ zum Beispiel berichtete auf der Seite 1, daß der Jugendverband beim Staatsbesuch Honeckers in Bonn als einzige Gruppe gegen den SED-Chef vor der

Ständigen Vertretung demonstrierte und deswegen für Stunden in ein Polizeigefängnis gesperrt wurde. Ein Skandal. Das Recht auf Demonstrations-Freiheit wurde für den Honecker-Besuch ausgehebelt.

Manchmal vermisse ich diese Zeiten.

Eine prima Truppe

Unser kleines Büro in der Hamburger Beethovenstraße ist eine Rumpelbude. Überall Maschinen, Bücher, Papierberge, Pakete für unser Sorgenbüro in Lettland.

Nein – gemütlich ist es bei uns nicht. Aber trotzdem sind wir stolz auf die Rumpelbude. Mit der kleinen Mini-Mannschaft bewegen wir doch manches. Technisch sind wir in etwa vergleichbar mit der CSU in Bayern. Wir können innerhalb eines Tages mehr als 100.000 Briefe versenden. Eine Werbeagentur? Brauchen wir nicht. Ich formuliere jede Zeitungsanzeige, jeden Rundbrief selbst. Eine Werbeagentur – das paßt auch gar nicht zu uns.

Wer etwas zu sagen hat – der braucht keinen bezahlten Schreiber.

Zwischen der Büro-Mannschaft und Förderern des Vereins besteht eine enge Verbindung. Viele Anrufe und noch mehr persönliche Briefe – täglich. Dafür ist immer Zeit da.

Politisch funken alle auf einer Wellenlänge.

Unsere sozialen Projekte. Oft sehen sich Förderer diese Projekte selber an. Das ist mir immer besonders lieb. Auch linke „Freunde" kontrollieren oft unsere Projekte – natürlich mit der Absicht, uns etwas ans Zeug zu flicken. Fehlanzeige.

Aber selbst wenn linke Blätter böse über uns schreiben. Sie erreichen damit das Gegenteil. Je böser die Berichte, desto mehr hält unser „Klub" zusammen.

Die Deutschen Konservativen sind schon eine prima Truppe.

Kaloderma, Kaloderma!

Margitta war Transvestit. Eine perfekte Schönheit. Nur die Hände. Die hätten auch gut zu einem Bauarbeiter gepaßt. Mit langen Ärmeln konnte Margitta das einigermaßen verbergen.

Einer von Margittas besten Freunden war Kaloderma, auch Transvestit.

Begegneten sich die beiden, lief Margitta mit ausgebreiteten Armen auf ihn zu und schrie mit ganzer Kraft „Kaloderma, Kaloderma".

Mein dreißigster Geburtstag. Ich feierte ihn in meiner Wohnung in Bremen. Am Wall 148. Unter dem Dach hatte ich mir eine schöne Bar eingerichtet, was in den Siebzigern große Mode war. Margitta stand hinter der Bar, mixte Getränke, was sie in einem 6-Wochen-Kurs gelernt hatte. Vorher hatte ich ihr eingebläut „Margitta, verdreh keinem der Männer den Kopf".

Ein Glück, daß ich sie vorgewarnt hatte. Es waren fast 100 Gäste in der kleinen Wohnung – und Margitta strahlte. Sie fühlte sich als Mittelpunkt. Kaloderma hatte ich nicht eingeladen. Margitta hätte sich bestimmt verraten.

Niemand merkte, daß die Dame ein Herr war – und ich hatte meine spitzbübische Freude daran.

Übrigens: Margitta heiratete einen reichen Brasilianer. Sie lebt in Rio und ist glücklich. Immer zum Geburtstag schickt sie mir eine Postkarte und bittet mich, Kaloderma liebe Grüße auszurichten.

Suppenhuhn statt Adler

Er war so ein richtiger Klugscheißer. Dieser eine Kollege bei der HÖRZU. Es gab nichts, was er nicht besser wußte. War der Himmel blau – dann nannte er ihn bedeckt. War der Kaffee kalt, meinte er, daß man sich daran die Zunge verbrennen kann.

Die Zusammenarbeit mit ihm ging mir auf die Nerven, weil er obendrein einen miesen Charakter hatte. Mit Hilfe der HÖRZU konnte ich die Aktion Reiskorn aus der Taufe heben. Am Ende einer Thailand-Reportage hängte ich die Kontonummer des Vereins dran. Peter Bachér, der Chefredakteur, der eigentlich immer auf meiner Seite stand, hatte mir freie Hand gelassen.

Über das Vereinsregister des Amtsgerichts hatte der unangenehme Kollege erfahren, daß ich dem Vorstand angehörte und meine Schwester. „Die machen in der HÖRZU Reklame für den eigenen Verein und damit für sich selbst“ – konstruierte er. Ich antwortete nur mit einem „Na und?“ Was war anstößig daran?

Peter Bachér beendete das Thema mit dem Satz „Das ist alles mit meinem Einverständnis gemacht worden“.

Später erfuhr ich, daß der Kollege immer wieder Spitzel in die von Reiskorn finanzierten Projekte schickte. Er wollte unbedingt „Krumme Dinger“ herausfinden. Satz mit X – war wohl nix.

Dann kam ein neuer Chefredakteur. Vom STERN. Sternstunde für den miesen Kollegen. Er warf sich dem neuen Mann förmlich an den Hals. Ich hielt den Neuen für eine journalistische Flasche.

Es kam zur Trennung vom Verlag. Ich machte mich selbständig, schrieb mein erstes Buch „Willy Brandt – Das Ende einer Legende“. Die Auflagenhöhe war traumhaft, machte mich mit einem Schlag wirtschaftlich unabhängig. Die Auflage der HÖRZU sank rapide. Nach kurzer Zeit war die Marktführerschaft Vergangenheit.

Felix Schmidt – so hieß der Neue – mußte schon bald wieder seine Koffer packen.

Zuvor waren im gesamten Gebäude des Springer-Verlages Aufkleber aufgetaucht. Darauf stand ein Spruch von STERN-Chefredakteur Henry Nannen „Einen Adler wollte ich kaufen – ein Suppenhuhn habe ich bekommen“.

Ich konnte es mir nicht verkneifen ….

Deine Brille hat nen Sprung

Hannelore war mongoloid. Aber ihr gehörten die Herzen der gesamten Nachbarschaft im Bremer Porstbusch. Sie war freundlich, bot alten Bewohnern an, für sie einzukaufen und das Treppenhaus zu reinigen. Geld durfte sie nicht annehmen.

Das hatten ihr die Eltern verboten. Aber kleine Geschenke? Dagegen war nichts zu sagen. Die Mama meines Freundes Manfred Reuß schenkte Hannelore eine Handtasche. Blau. Das war Hannelores Lieblingsfarbe.

Mit einer kleinen Kinderschippe schaufelte Hannelore fleißig Sand in die Handtasche. War sie voll, drehte sich Hannelore wie ein Propeller im Kreis, brüllte mit ganzer Stimmkraft „Huuuuuraaaaa“ und warf die Handtasche in die Luft. Immer wieder. Die Handtasche platzte und Hannelore sah schuldbewußt auf das blaue Elend und meinte „Wer hat das denn gemacht? Ich war das nicht“.

Mama Reuß schenkte Hannelore nie wieder etwas.

Wohl etwas zu unsanft hatte Hannelore wohl auch ihre Brille mit den dicken Gläsern behandelt. Manfred Reuß sah das und sagte: „Hannelore, deine Brille hat nen Sprung“. Hannelore sah ihn nur verächtlich an und antwortete: „Na und? Dein A.... auch“.

Mongoloide Menschen haben eine kurze Lebensdauer. Hannelore war 47, als sie starb.

Wenn ich am Spielplatz im Porstbusch vorbeikam – dann mußte ich immer an Hannelore denken und ihren Spruch „Na und? Dein A…. auch.“

Sie kam vom Suff nicht los

Frau Peters war eine Dame. Vom Scheitel bis zur Sohle – und meine Sekretärin bei BILD-Bremen. Unter mehr als 30 Bewerberinnen hatte ich sie ausgewählt .... obwohl schon 72 Jahre. Sie war perfekt, absolut zuverlässig und hatte immer ein offenes Ohr für Leser, die in die Redaktion kamen, ihre Sorgen schilderten und um verschiedene Hilfen baten.

Einen guten Fang gemacht hatte ich mit Frau Peters. Sie hatte schwere Jahre hinter sich. In der Kriegs- und Nachkriegszeit war sie Unternehmerin, war erfolgreich mit medizinischen Produkten. Dann kam stärkere Konkurrenz. Sie kämpfte vergeblich dagegen an, ging pleite, verlor das gesamte Vermögen. Was sie mir verschwieg: Sie bekam Alkoholprobleme. Der Ehemann, ein bekannter Frauenarzt, ließ sich scheiden.

Sechs Monate war sie die Idealbesetzung als Sekretärin bei BILD-Bremen. An einem Montag kam sie nicht zur Arbeit. Sie war sonst schon eine halbe Stunde vor offiziellem Dienstbeginn im Büro. Als sie sich am Nachmittag immer noch nicht gemeldet hatte, fuhr ich zu ihrer Wohnung, klingelte Sturm. Es blieb mucksmäuschenstill. Ein Nachbar öffnete seine Wohnungstür – sah mich an und sagte: „Die ist wieder total blau. Sie säuft bis zum Umfallen. Oft drei Tage“. Ich war geschockt. Nach einer Woche kam sie wieder – überpünktlich wie immer – ins Büro, redete von einer schweren Lebensmittelvergiftung. Ich ließ mir zunächst nichts anmerken. Am Abend rief ich ihren Sohn an, wollte mit ihm beraten, wie man der Mutter helfen kann. Die Antwort: „Das haben wir seit Jahren versucht. Vergeblich. Sie ist nicht heilbare Alkoholikerin".

Ich hatte Mitleid, wollte das so nicht akzeptieren, sprach sie bei passender Gelegenheit an. „Frau Peters, ich kenne Ihr Problem. Aber das lösen wir gemeinsam. Sie behalten Ihren Job bei voller Bezahlung, gehen aber so schnell wie möglich zur Entziehung".

Mit dieser Antwort hätte ich nicht gerechnet: „Wie können Sie nur behaupten, daß ich trinke?"

Am nächsten Tag tauchte sie wieder ab, kam nicht ins Büro. Ich brachte es aber nicht übers Herz ihr zu kündigen. Erst nach dem nächsten „Abtauchen" schickte ich ihr die Papiere. Sie verlor ihre schöne Wohnung in einer guten Gegend, mußte ihre über Jahre gesammelten Antiquitäten verkaufen und lebte vom Sozialamt.

Ein Jahr vor ihrem Tod rief sie mich an. „Ich danke Ihnen für alles. Es tut mir leid. Aber ich komme nicht los von dieser Sucht."

Von ihrem Tod erfuhr ich durch eine Todesanzeige im Lokalblatt.

Die Ängste einer Mutter

Ein Klotz von Kerl. Karate, Gewichtheben, Boxen. Darin war er ein Ass. Die Natur hatte ihm nicht nur eine Traumfigur geschenkt – obendrein Verstand im Kopf. Natürlich schwärmten die Mädchen für ihn und im Sommer am Strand – da paßte am besten der Schlagertext „Er war der Mister Strandgeflüster". Einen Tick hatte er: Panische Angst vor der kleinsten Krankheit. Schon mit einem simplen Mückenstich lief er zum Arzt „Es könnte ja eine Malaria-Mücke gewesen sein".

Schnupfen und eine Erkältung – nur vergleichbar mit Weltuntergang.

Nicht lachen. Das ist eine ernsthafte Krankheit. Die hatten auch Friedrich der Große und Thomas Mann. Hypochondrie. Unter 10.000 Menschen sind fünf davon mit dieser Krankheit behaftet.

Charly Chaplin, der Millionen zum Lachen brachte, kämpfte lebenslang mit diesen Ängsten.

Heilbar ist die Krankheit nicht. Sie kann aber gemildert werden. Psychiatrische und medikamentöse Behandlung.

Einen besonders schlimmen Fall von Hypochondrie – den behandelte ein befreundeter Arzt.

Mutter von fünf Kindern. Ein Kind davon schwerstbehindert, ein Junge.

Beleg/Quittung für den Kontoinhaber/Zahler

SPENDE

Angaben zum Zahlungsempfänger

Vergißmeinnicht

IBAN

DE64 8505 0100 3000 1298 03

BIC des Kreditinstituts/Zahlungsdienstleisters

WELADED1GRL

Sparkasse Oberlausitz
Niederschlesien

Jürgen Hösl
Postfach 1218
D – 02752 Zittau

E-Post und PayPal:
vergissmeinnicht@gmx.info

Bitte IMMER Ihre Adresse angeben!

(Quittung bei Bareinzahlung)

Was keiner wagt, das sollt ihr wagen,
was keiner sagt, das sagt heraus,
was keiner denkt, sollt ihr befragen,
was keiner anfängt, das führt aus.

Wenn keiner Ja sagt, sollt ihr's sagen,
wenn keiner Nein sagt, sagt doch Nein,
wenn alle zweifeln, wagt zu glauben,
wenn alle mittun, steht allein.

Wo alle loben, habt Bedenken,
wo alle spotten, spottet nicht,
wo alle geizen, wagt zu schenken,
wo alles dunkel ist, macht Licht.

Wo alle lügen, dient der Wahrheit,
wo alle heucheln, macht nicht mit,
verscheucht den Nebel,
strebt zur Klarheit,
wo alle weichen, keinen Schritt.

Wo alle beten, laßt sie flehen,
wo alle klatschen, kein'n Applaus,
wo alle knien, bleibet stehen,
wo alle jammern, lacht sie aus!

Der Vater ist mit einer jungen Liebhaberin durchgebrannt. Die arme Frau hatte nur diese eine Idee im Kopf „Hoffentlich werde ich nicht krank und muß sterben. Was wird dann aus den Kindern.“ Schweißgebadet wachte sie manche Nacht auf. Alleinsein ohne Vater und Mutter – sie wußte, was das bedeutet, aufgewachsen in einem Waisenhaus. Sie war sieben Jahre alt, als die Eltern bei einem Verkehrsunfall ums Leben kamen.

Das einzige Kind ihrer Eltern. Die Großeltern lebten nicht mehr, keine weiteren Familienangehörigen. Da ist so ein kleines Würmchen mit ganzen sieben Jahren mutterseelenallein auf der Welt. Eine Tragödie.

Mit 18 begann sie eine Ausbildung als Kinderkrankenschwester. Die Prüfung bestand sie mit einer glatten 1. Es brachte ihr Freude, kranke Kinder zu trösten und zum Lachen zu bringen.

Wenn sie gewollt hätte – ein Stipendium für ein Medizin-Studium. Doch dann kam eine schnelle Heirat. War es Liebe? Vieles deutet darauf hin, daß sie schon mit 20 heiratete, um nicht allein zu sein.

Ganze acht Jahre hielt die Ehe.

Nur wer diesen Hintergrund kennt, kann die Krankheit der Mutter nachempfinden.

Was bleibt noch zu sagen? Man kann nur hoffen und beten, daß die gute Frau lange lebt und zumindest ein wenig von ihrer schrecklichen Krankheit geheilt wird – der Hypochondrie.

Er fraß die „Bröte“ doppelt

Journalisten sind schon ein seltsames Völklein. 1000 verschiedene Charaktere, mit all ihren Schrullen, Vorteilen, Nachteilen. Da war zum Beispiel Janos Bardi, Ungar. Er war der Schönschreiber von BILD, verwandelte schlecht geschriebene Texte in wunderbares BILD-Deutsch. In der Springer-Kantine fraß er doppelt und dreifach belegte Brote in sich rein. Ich begrüßte ihn immer mit „Janos, Janos, der die Bröte doppelt frißt“. Über das Bröte konnte er schallend lachen.

Eitelkeit. Eitel wie ein Pfau war ein Bremer Kollege. Er war heiß darauf, mit Prominenz aus allen Bereichen fotografiert zu werden. Die Wände in seinem kleinen Büro waren voll von Billy Mo bis Maria Callas und Freddy.

Bei Gruppenfotos mit der Prominenz der Welt drängelte er sich immer in die erste Reihe, obwohl er für das kleinste Blatt schrieb.

Da war noch der Fotograf Lankenau. Er lebte vom „schwarzen“ Abhören des Polizeifunks, war deswegen fast immer als erster am Ort des Geschehens und hatte deswegen häufig Exklusiv-Fotos. Unter Kollegen kusierte der Spruch „Leute, kennt ihr Lankenau – die gottverdammte Rampensau“. Das war wenig freundlich. Aber es störte Lankenau nicht. Mit seinem klapprigen Moped raste er weiter von Einsatzort zu Einsatzort.

Eine Sternstunde in Lankenaus Leben: Der SPD-Innensenator Franz Löbert weihte an der Weser eine Anlegebrücke ein. Der Name: Lankenau. Und als der gute Franz Löber Lankenau auch noch namentlich erwähnte, war das Glück vollkommen.

Ins Herz geschlossen hatte ich den alten Pichnow. Von seiner mageren Rente konnte er nicht leben. Deswegen machte er für den Lokalsender Radio Bremen die Polizei- und Gerichtsberichterstattung.

Der gutmütige Manfred Hocke von den Bremer Nachrichten schrieb ihm die Texte „so nebenbei". Pichnow war stark schwerhörig. Hörgeräte lehnte er aber ab. „Ihr müßt nur laut und deutlich sprechen." Bei den morgendlichen Pressebesprechungen im Polizeihaus bekam er nur die Hälfte mit. Ich half ihm gern über die Runden.

Er verteidigte mich dafür bei linken Kollegen, denen ich ein Dorn im Auge war.

„Fräulein" möchte ich nicht vergessen. Das war die kleine Jutta Hogreve von der Norddeutschen Volkszeitung. Chefredakteur Hans-Joachim Groß redete sie nur mit „Fräulein" an. Fräulein war ein kleiner Wirbelwind. Privatleben hatte sie nicht, wollte sie wohl auch nicht. Sie lebte ausschließlich für den Journalismus. Sie war fröhlich, immer neugierig und konnte aus einer Mücke einen Elefanten machen. Plötzlich war alles aus. Der Arzt hatte bei Fräulein Leukämie diagnostiziert. Sie starb schnell – kaum 30 Jahre alt.
Große Stücke hielt ich von dem Weser-Kurier-Kollegen Dieter Hünerkoch, er war ein in der Wolle gefärb-

ter Linker. Aber ich mochte ihn. Er verteidigte seine Meinung mit Verstand und Idealismus. Er war wesentlich älter und erfahrener als ich. Er gab mir manchen Ratschlag. Als ich – kaum 23 Jahre alt – das Angebot bekam, Büroleiter eines bekannten CDU-Politikers zu werden, riet er mir dringend ab – „Dann ist der Journalismus für dich vorbei. Das wäre ein Jammer." Zum Glück hörte ich auf ihn.

Später ging er zum Stern, hatte dort eine leitende journalistische Stellung. Die Chefredaktion der Monatszeitschrift unter anderem mit dem unfähigen Felix Schmidt – machte einen schweren Fehler, als sie seine Warnungen vor den Hitler-Tagebüchern in den Wind schlug. 9,3 Millionen D-Mark zahlte der STERN für die Fälschungen – und den wohl noch schlimmeren gewaltigen Ansehens-Verlust.

Über Berufs-Kollegen könnte ich ein ganzes Buch schreiben.

Nigger und Käsekuchen

Ich wollte Kevin für einige Stunden in der Villa Kunterbunt spielen lassen. Die Villa ist in Westerland auf Sylt. So wie Kinder sich das Haus von Pippi Langstrumpf vorstellen. Voller Abenteuer. Kevin war 7 Jahre alt. Ein kleiner Farbiger aus Kamerun. Ich habe den Jungen ganz besonders in mein Herz geschlossen, bin sein Patenonkel – und deswegen nahm ich ihn auch für eine Woche mit nach Sylt. Der kleine Kerl ist ein Wirbelwind. Die Villa Kunterbunt kam mir wie gerufen.

Einige Stunden Pause für mich, Unterhaltung und Abenteuer für Kevin.

Mit gutem Gewissen gab ich den Jungen da ab.

Gegen 12.30 Uhr wolle ich ihn zum Mittagessen abholen. Aber kein Kevin war da. „Er ist schon ins Hotel gegangen" – sagte eine Kindergärtnerin. Und da fand ich ihn auch. Ein heulendes Häufchen Elend. „Ein Mädchen hat Nigger zu mir gesagt und wollte nicht mit mir spielen. Bloß weil ich schwarz bin". Ich versuchte Kevin zu trösten und erzählte ihm, daß ich in Namibia von Schwarzen bedroht wurde, weil ich einen schwarzen Bettler in ein Restaurant eingeladen hatte. „Du glaubst wohl, daß du was Besseres bist, weil du weiß bist" – beschimpften mich schwarze Jugendliche. „Dumme Menschen gibt es überall". Aber mein Trost half wenig, Kevin wollte nicht mehr in die Villa Kunterbunt. Eine Reitschule für Kinder – da meldete ich ihn an. Und der Junge war überglücklich, jeden Tag auf einem Pony reiten zu dürfen.

„Die war das“ sagte Kevin bei einem Bummel durch Westerland und zeigte auf ein etwa achtjähriges blondes Mädchen – „die hat Nigger zu mir gesagt.“

Ich überlegte einen Moment – dann sprach ich die Mutter des Mädchens an „Darf ich sie einen Moment unter vier Augen sprechen?“ Die überraschte Frau nickte und sagte ihrer Tochter kurz „Einen Moment“. Ich erzählte der Mutter von dem Vorfall in der Villa Kunterbunt. Sie war geschockt und meinte „Das müssen wir reparieren“. Gemeinsam beschlossen wir, die Kinder bei einer Inselrundfahrt – mit Eis essen – ein wenig näher zu bringen. Die Mutter hatte herausbekommen, daß das Mädchen das Wort Nigger im Kindergarten aufgeschnappt hatte und es selber einmal ausprobieren wollte. Die abwertende Bedeutung des Wortes, die verstand das Kind überhaupt nicht. Bei der Insel-Rundfahrt wurden die Kinder Freunde – und Manuela (so hieß die Kleine) sagte: „Ich werde nie wieder das böse Wort sagen. Und wenn es mir doch rausrutscht, dann darfst du weißes Nachtgespenst oder Käsekuchen zu mir sagen.“

Ein Königreich geht unter

Es ist ein Jammer, zu sehen, wie der thailändische König Vajiralongkorn die einst hoch-angesehene Monarchie in den Schmutz zieht. Raffgierig, ein Lebemann, egozentrisch und von geringer Intelligenz. Ich lernte ihn schon kennen, als er etwa 20 Jahre alt war. In den Achtzigern. Ich begleitete Karl Carstens, den damaligen Bundespräsidenten, bei einem Staatsbesuch in Thailand.

Er sollte dem deutschen Staatsoberhaupt antike Wandmalereien erklären, die mit deutscher Hilfe restauriert worden waren. „Hab keine Lust dazu“ sagte er seinem Vater, dem vom Volk geliebten und international angesehenen König Bhumibol. Für ihn mußte Professor Rosenberg einspringen, der an der Hamburger Uni einen Lehrstuhl für thailändische Geschichte und Kultur hat.

Ich hatte ihn als Dolmetscher mitgenommen, weil ich eine Serie für die HÖRZU schrieb.

Es wird keiner beweisen können – aber der König war sicherlich nicht davon begeistert, zu wissen, daß der Sohn einmal sein Nachfolger wird. Er hätte lieber seine Tochter auf dem Thron gesehen, Prinzessin Sirindhorn. Liebling des Volkes. Aber Königin? Nicht möglich. Der König ist auch immer das Oberhaupt der thailändischen Buddhisten – und das muß ein Mann sein.

Es hätte schlimmer nicht kommen können. Der Sohn wurde nach dem Tod des Vaters König. Seine Lieblings-Spielzeuge – große Flugzeuge und schöne Frauen. Schon grotesk – seinen Pudel Fufu machte er zum Luftwaffen-General. In Abendgarderobe bekleidet, sprang der bei einer Gala auf den Tisch und trank aus den Gläsern der Gäste und fraß das Abendessen des säuerlich lächelnden US-Botschafters. Auch seine Ehefrauen beförderte er großzügig. Seine dritte Ehefrau ernannte er zum Generalleutnant. Eine Blitz-Karriere für die einstige Stewardess. Geld spielt keine Rolle. Sein geschätztes Vermögen: 60 Milliarden Euro. Damit ist er der reichste Monarch der Welt. Mindestens 13 Kinder – von 5 Frauen – hat König Vajiralongkorn, der inzwischen 69 Jahre alt ist.

Ich gebe der thailändischen Monarchie nur noch wenige Jahre. Im Moment überlebt sie noch. Zwischen ihm und dem Militär gilt die Abmachung „Wir lassen dich in Ruhe, wenn du uns in Ruhe läßt."

Das Essen als Schlüsselkind

Das Mittagessen aus dem „Henkelmann". Ich fand es gräßlich – dieses in einer Thermoskanne warm gehaltene Essen in der Mittagspause von 12 Uhr bis 12.30 Uhr in der Kantine des Bremer Weser Kurier, wo ich von 1962 bis 1965 eine Schriftsetzerlehre machte. Ein riesiger Raum mit etlichen Tischen und der Gemütlichkeit einer Bahnhofshalle. Schon als junger Kerl war Essen für mich mehr als nur „Abfüttern" und nur sattmachen

Am schönsten fand ich es am Wochenende, wenn die ganze Familie am Mittagstisch beisammen saß. Die Krönung der Nachspeise war für mich Wackelpudding – großsprecherischer Name „Götterspeise". Mit Farbe gemischte Gelatine. Die Götter hätten wohl nicht vor Verzückung in die Hände geklatscht. Es war verboten – ich machte es trotzdem: Wenn meine Mutter einen Moment nicht hinsah – „klatsch" mit der flachen Hand auf die Götterspeise, die dann so schön wackelte. Himbeer, Erdbeer oder Waldmeister.

Die Vorliebe zum „anständigen und gemütlichen Essen" wurde in der Kinderzeit geboren. Ich war Schlüsselkind. So nannte man Kinder, deren Eltern arbeiteten. Die Kinder bekamen den Wohnungsschlüssel mit einer Schnur und trugen ihn am Hals. Das vorbereitete Essen mußten sie wärmen und dann „verputzen".

Als junger Redakteur der BILD-Zeitung ging es mit dem Essen auch nur im Galopp.

Bei den Konservativen im Büro ist das alles anders. Entweder geht unsere kleine Mannschaft gemeinsam in ein Restaurant, oder wir sitzen am Konferenztisch und essen in Ruhe heiß gemachte Tiefkühlkost, die ganz großartig schmeckt.

Dafür nehmen wir uns eine gute halbe Stunde Zeit. Beim Essen kommen die besten Ideen.

Da werden Pläne geschmiedet, Vorschläge gemacht und über Gott und die Welt geredet.

Die Mittagspause ist mir „heilig". Was mir besonders gefällt: Mein Siebenbürger Freund Martin Schullerus aus München, seine Frau Ulli und die beiden Söhne sprechen beim gemeinsamen Essen ein Tischgebet. Es ist so selbstverständlich geworden, daß in Deutschland keiner hungern muß. Zumindest sollten wir hin und wieder dem danken, der uns so ein Leben ermöglicht.

„Komm HERR JESUS sei unser Gast und segne was DU uns bescheret hast". Es genügt ja schon.

War das wirklich nur Hokuspokus?

Härter kann einen Menschen das Schicksal kaum treffen. Das einzige Kind, ein acht Jahre alter Sohn, kam durch einen Verkehrsunfall ums Leben. Sechs Monate danach Krebs bei der Ehefrau. Sie hatte einen langen Todeskampf. Verlust des Arbeitsplatzes. Eines kam zum anderen. „Warum tut Gott mir das an?“ Natürlich kam die Frage in dem vom Schicksal gebeutelten Mann. Er war gläubiger Christ. Nie zuvor hatte er am Glauben gezweifelt. Konservativer Katholik. Er schüttete dem Pfarrer sein Herz aus. Getröstet hat ihn das nicht. Tag für Tag besuchte er die Gräber.

War es nun ein Traum oder eine richtige Erscheinung? Wer will das wissen. Tatsache ist: Er wachte auf in der Nacht. Irgendeiner war im Schlafzimmer. Er hörte nichts, er sah nichts, spürte aber die Gegenwart eines Menschen. Dann ein leiser Flüsterton „Ich bin bei Dir. Auch wenn Du zweifelst“. Vermutlich ein Traum. Aber der blieb nicht ohne Wirkung. Der Witwer bemühte sich um eine neue Anstellung als Versicherungs-Kaufmann, besuchte Freunde und die Eltern der verstorbenen Frau, sprach wieder mit dem Pfarrer.

Seine Meinung: „Das war eine Botschaft aus einer anderen Welt“. Ich sehe das wie der Pfarrer, hatte ein ähnliches Erlebnis. Mir war im Traum eine verstorbene Freundin erschienen.

Manch einer mag das alles für Hokuspokus halten. Ich nicht.

Tatsache ist, der Witwer war von dem Tag an verändert. In einem Sportverein, dem er beigetreten war, lernte er eine liebe Frau kennen.

Nach zwei Jahren heirateten sie und haben drei Kinder.

Es gibt Dinge zwischen Himmel und Erde, die wir mit unserem kleinen Menschenverstand nur schwer begreifen.

Da müssen wir einfach glauben.

Zurück aus Auschwitz

Sie war beliebt bei den Kindern der kleinen Stadt in Norddeutschland – die alte Rechtsanwalts-Witwe aus dem Reihenhäuschen. Sie half bei den Schularbeiten, hatte immer etwas Süßes – meist selbstgebrannte, braune Mandeln. Plötzlich war alles anders. Die alte Frau mußte einen gelben Stern tragen. Am Mantel angenäht. Die Kinder begriffen nicht warum. Plötzlich war sie weg. Ein Kind hatte es von den Eltern gehört „Jude, Arbeitslager", Auschwitz. Aber sie überlebte. Im Februar 1945 stand sie plötzlich vor der Tür ihres Häuschens. Ein fremder Name am Klingelschild. Ein junger Mann öffnete. Mit großen Augen sah er die alte Dame an. „Sind Sie nicht .... ?

„Ja, ich bin es, habe alles überlebt". Der junge Mann war eines der vielen Kinder, die die alte Dame so gut in Erinnerung hatte. Eine ausgebombte Familie. Ihnen war von der Gemeinde-Verwaltung das „Juden-Haus" zugewiesen worden. „Die kommt sowieso nicht mehr zurück" hatte man gesagt.

Die Möbel kassierte der Blockwart. Meist wertvolle, antike Stücke.

Die alte Dame und die neuen Hausbesitzer waren sich schnell einig. Etwas zusammenrücken – dann können sie gemeinsam im Häuschen wohnen. Fünf Jahre. Dann starb die alte Dame. Ein Jahr vor ihrem Tod hatte sie sich noch ihren größten Wunsch erfüllt. Jerusalem. „Die schönste Stadt, die ich je gesehen habe. Aber ich bin Deutsche. Trotz allem – meine Heimat ist Deutschland".

Das ging fast daneben

Alte Bäume und verlassene, alte Häuser ziehen mich magisch an. Schon als Junge war ich oft bis in die obersten Baumwipfel gestiegen. Dutzende von Schutzengeln müssen mich begleitet haben. Mein größter Wunsch war ein Baumhaus. Ich war fast 50 Jahre alt – da erfüllte ich mir diesen Kinderwunsch. In Lettland baute ich rund um eine 250 Jahre alte Eiche ein richtiges Baumhaus mit traumhaftem Blick über die Felder. Mit Dusche, Toilette und sogar kleiner Küche. In Kleinformat – ein richtiges Ein-Familien-Haus. In Lettland eine Attraktion. In dem kleinen Baltenstaat ist man überzeugt davon, daß von Bäumen eine Kraft ausgeht, die auf den Menschen wirkt, wenn er den alten Baum umarmt.

Meine Vorliebe für alte, verlassene Häuser ging einmal kräftig in die Hose. Mit portugiesischen Freunden hatte ich auf Madeira solch ein Haus entdeckt. Wir drückten ein Fenster auf und stiegen ein. Von wegen verlassenes Haus. Es sah zwar von außen so aus – war aber bewohnt.

Und obendrein: Das Haus hatte Tage zuvor Besuch von Einbrechern bekommen, die einiges mitgenommen hatten. So schnell wie möglich suchten wir das Weite.

Aber man hatte sich unser Autokennzeichen notiert. Stunden später Polizei vor meiner Tür. Mitkommen. 24 Stunden Gefängnis. Die portugiesische Polizei war alles andere als freundlich. Sie wollte mich zwingen, zu unterschreiben, daß wir die gesuchten Einbrecher sind – andernfalls würde ich verprügelt werden.

6 Monate später der Prozeß. Der Richter sah meine Freunde, hörte mich an – und dann Freispruch. Die Lust an alten, verlassenen Häusern ist mir gründlich vergangen.

In den Brotbeutel gepinkelt

Oepen ist bekloppt. Da waren wir uns als Kinder sicher. Bekloppt durch die bekloppte Mutter. Mutter Oepen hatte ihren Sohn in einen Waschzwang getrieben. Er wusch sich fast die ganze Schulpause durch die Hände. Immer wieder. Kaum Zeit für das Schulbrot. Er hatte immer drei Stück Seife in der Schultasche und eine Dose Desinfektions-Spray.

Mutter Oepen war täglich in der Waschküche. Hemden, Bettwäsche und Unterwäsche wusch sie mindestens dreimal. Sie witterte überall Viren, Bakterien.

Lag es daran, daß der Vater an einer Infektionskrankheit (Grippe) gestorben war? Darüber dachten wir als Kinder nicht nach. Oepen paßte nicht in unser Konzept, war zu „anders". Natürlich war er die Zielscheibe von derben Späßen. Einmal schüttete ihm ein Mitschüler ein ganzes Paket Waschpulver in die Schultasche, ein anderes Mal wurde sein Stuhl voll mit grüner Seife geschmiert. Der arme Kerl hatte es nicht leicht.

Oepen fiel mir während der Corona-Krise ein.

Ich las etwas von vermehrtem Waschzwang während der Epidemie. Krankhafter Waschzwang war um 82 Prozent angestiegen! Menschen mit Waschzwang verspüren panische Angst und Ekel vor Keimen, Schmutz und Körperausscheidungen. Das Benutzen öffentlicher Toiletten löst massive Panik aus. Waschen, waschen, waschen ist die Folge. Die Wohnung wird immer wieder gereinigt und desinfiziert. Die Hände werden gewaschen, bis sie wund sind und schmerzen.

Wissenschaftler haben herausgefunden, daß eine kleine „Fehlleitung“ im Gehirn dafür verantwortlich ist.

Klassenfahrten durfte Oepen nie mitmachen. Er hätte sich ja anstecken können.

Als die Schikanen der Kinder gegen den armen Oepen immer schlimmer wurden – da meldete die Mutter ihren Sohn bei einer anderen Schule an.

Ein Junge hatte in den Brotbeutel von Oepen gepinkelt. Kinder können grausam sein. Oepen hat übrigens nie geheiratet. Er hatte Angst, sich bei einer Frau irgendwie anzustecken.

Unsere Nationalhymne

Es ärgert mich, wenn Sportler beim Erklingen der Nationalhymne demonstrativ den Mund geschlossen halten – und damit ihre Mißachtung ausdrücken. Meist kommen dann noch blödsinnige Sprüche wie „Das Lied haben auch die Nazis gesungen: Deutschland, Deutschland über alles". Wenn Dummheit schmerzen würde, diese Holzköppe würden ohne Unterbrechung „Aua" schreien.

Hoffmann von Fallersleben hatte mit seinem „Deutschland über alles" die Zersplitterung der Nation in Dutzende von Fürstentümern gemeint und nicht im Ansatz, die Absicht zu sagen, daß Deutschland über allen anderen Nationen steht. Die Hymne ist nicht Schuld daran, daß sie von den NS-Leuten mißbraucht wurde.

Wenn Amerikaner ihre Hymne singen – dann legen sie die Hand aufs Herz – obwohl der Text schon – o, weh – ist.

Textlich gibt es ganz gräßliche Hymnen. Auch in Europa.

Wir können stolz sein auf unsere Nationalhymne. Sie ist zugelassen in allen drei Strophen. Gesungen wird aber nur die dritte.

Darf man in Ausnahmen lügen?

Darf man ausnahmsweise lügen? Ja. Ein ganz klares Ja.

Da gibt es den Krebs-Patienten. Er klammert sich an die Hoffnung auf Besserung.

Die Wahrheit sagen – daß es bald für ihn aus sein wird? Ist es nicht richtiger, dem armen Kerl seine Hoffnung zu lassen?

Ich würde hier ungeniert lügen und sagen, daß es bestimmt besser wird. Ich würde für ihn beten und ihm sagen, daß auch er beten soll. Ich habe mehr als einmal erlebt, daß ein „Totgesagter“ doch wieder auf die Beine kam.

Viele Menschen leiden darunter, daß sie nicht gut aussehen und sich selber häßlich finden. Ist es nicht besser, dem Betreffenden zu sagen, daß er interessant aussieht, und daß sein anständiger Charakter innere Schönheit ausstrahlt?

Ich kannte ein Ehepaar – Eltern eines rauschgiftsüchtigen Jungen. Mit einer Haschisch-Zigarette fing es an. Schließlich Heroin und andere harte Rauschmittel.

Der Betreuer sagte: „Der setzt sich irgendwann den goldenen Schuß. Dann ist es aus.“ Die Mutter weinte sich bei mir aus. Auch ich war überzeugt „Bei dem ist alle Mühe umsonst. Aber ich sagte: „Doch, ihr Sohn kommt irgendwann los von diesem Teufelszeug.“

Ich hielt meinen Trost für eine Lüge. Aber es kam anders. Die Familie – alles gläubige Christen. Als Kind war der Sorgen-Sohn im Kirchenchor und Meßknabe. Die Eltern beschlossen „Wir unternehmen einen letzten Versuch und fahren in den portugiesischen Wallfahrtsort Fatima."

War es ein echtes Wunder oder „nur" der starke Glaube? Der süchtige Junge wurde „Clean" – ist es bis heute geblieben. Generell: Natürlich ist es nicht anständig zu lügen. Aber auch hier bestätigen Ausnahmen die Regel. Manchmal lüge ich und glaube, daß es richtig ist.

Bis daß der Tod euch scheidet

Eine Hamburger Nachbarin war in 10 Jahren acht Mal verheiratet! Und immer auch kirchliche Trauung. Und immer sagte der Geistliche: „Bis daß der Tod euch scheidet."

Mit 18 Jahren erste Ehe. Mit einem Polizeibeamten. Ehedauer 7 Monate. Nennen wir die Frau Sieglinde. Sieglinde hatte nur das im Kopf: Geld ausgeben für teure Bekleidung, Schuhe, Handtaschen. Der Ehemann hatte seiner Frau Kontenvollmacht erteilt. Bis die Bank streikte und Gehaltspfändung drohte. Da war für Sieglinde nichts mehr zu holen. Scheidung. Nummer 2: Steward auf der AIDA, dem Kreuzfahrtschiff. Über Monate war er auf See. Sieglinde versetzte das halbe Inventar des Hauses. Geld für Schnickschnack. Selber arbeiten? „Ich doch nicht". Und wieder Scheidung.

Sieglinde war eine Schönheit. Sonst hätte sie es nie geschafft, immer wieder neue Ehemänner zu finden.

Nummer 3 und Nummer 4 waren biedere Handwerksmeister. Fleißig, gut betucht. Darauf hatte Sieglinde als erstes geachtet. „Ohne Moos nix los" – ein oft von ihr gebrauchter Spruch.

Nummer 5 und Nummer 6 waren vorgewarnt Ein verflossener Ex hatte von Sieglindes Geld-Vorliebe gewarnt. Da war nichts mehr mit Konto-Vollmacht.

Nach knapp einem Jahr Ehe-Aus.

Bei Nummer 7 verweigerte der Pfarrer die kirchliche Trauung. Sieglinde: „Schade, das ist doch immer so romantisch". Was macht man mit einer Ehefrau, die nur schön ist, sonst nichts? Immerhin hielt die Ehe zwei volle Jahre.

Mit 27 Jahren Heirat mit einem Finanzbeamten. Ausgerechnet. 3 Monate. Aus. Nr. 8 hält im Moment noch. Warten wir ein wenig ab. „Bis daß der Tod euch scheidet.

Das war der Knadder-Boxen-Junge

„Erst eine Geschichte erzählen. Sonst kann ich nicht einschlafen". Befehl ist Befehl. Selbst dann, wenn der Befehlsgeber, der achtjährige Valentin ist, der vier Wochen seiner Ferien bei mir auf dem Hof in Lettland verbringen durfte. Hätte ich nicht Phantasie und manchmal ein wenig kindliches Gemüt .... erfinden Sie mal 30 lange Tage eine Einschlafgeschichte.

Ich kam auf den Knadder-Boxen-Jungen. Einen Abend vor dem Einschlafen ritt der Knadder-Boxen-Junge auf einem Zirkuselefanten durch die lettische Hauptstadt Riga. Das Rüsseltier steuerte die Markthallen an. Irgendwie muß es wohl geahnt haben, daß es dort Bananen gibt. Die Marktfrauen kreischten wie Heulbojen, als der Jumbo sich über ihre Auslagen hermachte und alle Bananen verdrückte.

Sie gaben die Schuld daran dem Knadder-Boxen-Jungen. Der saß schließlich auf dem Rücken des grauen Riesen.

Er sollte für den Schaden aufkommen. Aber Geld – das hatte der Knadder-Boxen-Junge nicht. Inzwischen war der alarmierte Zirkus-Direktor angekommen. Auch er war knapp bei Kasse. Aber er hatte die richtige Idee. Jede Marktfrau bekam eine Eintrittskarte für eine Zirkus-Vorstellung. Dazu eine große Tüte Popcorn und ein Erdbeereis. obendrein Logen-Plätze.

Natürlich konnte der Knadder-Boxen-Junge auch zaubern. Sagte er jedenfalls. Er hatte einen schwarzen

Zylinder. Es blieb sein Geheimnis, wie er aus dem Zylinder Schoko-Drops und Gummibärchen zaubern konnte. So viel, daß 10 Kinder soviel davon in sich reinstopften, daß sie Bauchschmerzen bekamen.

Trotzdem waren sie glücklich, mit Bauchschmerzen konnten sie ja unmöglich in die Schule gehen.

Aber das allerdollste, was man über den Knadder-Boxen-Jungen sagen konnte – er war stärker als Pipi Langstrumpf. Er konnte – so mir nichts dir nichts ein ganzes Auto hochheben. Und als die Kinder „Lügner, Lügner" riefen – da hob er einen am Straßenrand parkenden Volkswagen hoch wie eine Feder.

Wenn morsche Bäume zu fällen waren – dann rief die Stadtverwaltung den Knadder-Boxen-Jungen. Er zog den Baum 1, 2, 3 aus der Erde – und es gab Brennholz für arme Menschen.

Nach 20 Tagen Gute-Nacht-Geschichten ging mir die Phantasie aus. Wir schlossen einen Kompromiß. Ich durfte die verrücktesten Knadder-Boxen-Jungs Geschichten noch einmal erzählen. Und das war immer eine Geschichte vom Bananen-fressenden Elefanten.

Nirgendwo fand ich es schöner

Mein erster Urlaub. Im Januar 1966 mit meiner Mutter in Grainau an der Zugspitze. Pension Buchenhain. Einfache Zimmer, Dusche und Toilette auf dem Flur. Aber ich fühlte mich wie im Paradies. Übernachtung mit Frühstück 25 D-Mark. Am besten gefiel mir das Kreuzeck. Etwa 1700 Meter hoch. Ein traumhafter Blick über die Alpen. Deutlich zu sehen – das Jagdschloß von Ludwig II. am Schachen.

Aber angetan hatte es mir ein Hochsitz – direkt am Fuße der Zugspitze. Morgens um 6 Uhr. Es dauerte keine 5 Minuten – und schon die ersten Tiere. Hirsche mit prächtigem Geweih, ein Wildschwein mit 8 quietschvergnügten Ferkeln, Rehe.

Das war schon eine Attraktion für mich. Bis zu zwei Stunden saß ich da in luftiger Höhe. Die Wildsau hatte mich entdeckt. Sie kam angerannt, grunzte empört – was wohl soviel heißen sollte wie „Wehe, wenn du runterkommst. Menschen haben hier nichts zu suchen."

Fast eine Stunde blieb sie mit ihrem Nachwuchs in Sichtweite. Als sie endlich verschwand, machte ich mich aus dem Staub.

Durch meinen Beruf als Journalist, bereiste ich später fast die ganze Welt. 5-Sterne-Hotels waren für Journalisten des Springer-Verlags „normal". Ich wohnte in Palästen, in erbärmlichen Hütten und auf einem Boot. Aber nirgendwo fand ich es schöner als in Grainau. Für 25 D-Mark im Dachgeschoß mit Dusche und Toilette auf dem Flur.

Hardenberg-Schule in Kiel

Ich überziehe nicht, wenn ich sage, daß diese Lehrerin eine richtige Kannaille war. Ich weiß nicht warum – aber sie haßte mich aus tiefem Herzen. Hardenberg-Schule für Knaben in Kiel. In mein erstes Zeugnis schrieb sie den Satz „Er steckt noch im Spielalter". Im zweiten Zeugnis kam es dicker. „Unehrlich und faul". Weder das eine noch das andere stimmte. Unehrlich. Ein Mitschüler hatte aus dem Klassenschrank das Milchgeld geklaut. Ich hatte es gesehen, wollte ihn aber nicht verraten und sagte: „Ich habe nichts gesehen." Ein anderer Schüler verriet den Milchgeld-Klauer und sagte: „Joachim hat das auch gesehen". So begründete sie ihr „unehrlich" und das faul. Der Unterricht mit dieser Frau machte mir keine Freude mehr. Ich machte nicht mehr als das Allernötigste bei den Hausaufgaben und im Unterricht.

Zum Glück verzogen wir 1958 von Kiel nach Bremen – und ich bekam mit Fräulein Biermann eine erstklassige Lehrerin. Es dauerte nur ein Jahr – und aus einem der „schlechtesten" Schüler wurde einer der Besten in der Klasse.

Später erfuhr ich den Grund ihrer Abneigung gegen mich.

Ihr Mann war ein notorischer Fremdgänger – und er hatte mir in der Kindheit ähnlich gesehen. Kein weiterer Kommentar.

Die Frau kostet Nerven

Bei dieser Frau braucht man wirklich gute Nerven. Nennen wir sie Frau Dr. Mayer. Der Name ist erfunden, der Doktortitel für Medizin ist echt. Sie schreibt mir mindestens dreimal in der Woche. Und immer sind es Wechselbäder. In einem Brief erklärt sie mich zum „Retter der Nation“ – im nächsten beschimpft sie mich, weil ich ihr das Geld aus der Tasche ziehe. Aber genau in diesen Brief legt sie einen 100-Euro-Schein, obwohl ich um nichts gebeten hatte.

In einem weiteren Brief bezeichnet sie alle Politiker als „Volksverräter“ und fordert die Wiedereinführung der Todesstrafe. Ich bin ein Gegner der Todesstrafe. Nur Gott hat das Recht über Leben und Tod zu entscheiden. Es kommt ein wütender Brief. Nie wieder will sie etwas mit mir zu tun haben, ich verstehe nichts vom „richtigen Leben“. Tags darauf kommt ein Paket von ihr bei uns im Büro an. Teure Schokolade für mich, wertvolle Medikamente für unser „Sorgenbüro“ in Lettland.

Und prompt kommt ein neuer Brief. Sie wollte nur testen, ob ich – was sie gräßlich findet – Geschenke annehme – und meint damit die Schokolade. Vermutlich gelte ich jetzt bei ihr als bestechlich. „Wir müssen uns einmal treffen und alles ausführlich besprechen“ – schreibt Frau Dr. Mayer. Das muß ich mir nicht antun.

Irgendwann am Wochenende klingelt bei mir in der Wohnung das Telefon. Der Mann von Frau Mayer in der Leitung. Er kommt gleich zur Sache und sagt: „Ich habe eine herzensgute Frau – aber manchmal spinnt sie, beschimpft auch gute Freunde ohne Grund – um tags darauf ein großzügiges Geschenk zu machen.“

Diesen Tick hat sie angeblich von der Mutter geerbt.

Einfach so behauptet. Die verrücktesten Dinge. Und wieder Post von ihr. Inhalt: Ein kleiner Goldbarren 50 Gramm schwer. Der hat einen Wert von rund 2.500 Euro.

Es fällt mir schwer, weil ich um jeden Spenden-Euro kämpfe – doch ich schicke das Gold an sie zurück. Ich bin sicher, daß der Preis für das glänzende Metall eine tagelange Schimpf-Kanonade wäre.

Manchmal möchte ich den Kontakt zu dieser „verrückten“ Frau abbrechen – aber dann kommt wieder ein versöhnlicher Brief, in dem sie um Verständnis dafür bittet, daß sie manchmal zu „dick aufträgt“. Ja wirklich – die Frau kostet Nerven.

Zwei verbeulte Nachttöpfe

1000 Pillen Viagra für ein lettisches Altenheim. Nur eine von etlichen „außergewöhnlichen“ Hilfssendungen, die täglich als humanitäre Hilfe für unser Sorgenbüro in Lettland hier in Hamburg ankommen.

Was war schon alles dabei. Ein ausgedienter Bohnerklotz, zwei verbeulte Nachttöpfe oder mit blonden Frauenhaaren geschmückte, alte Lockenwickler.

Von gespendeter Schokolade könnten wir einen Laden aufmachen.

Aber die meisten Pakete für Lettland sind mit großer Liebe zusammengestellt.

Die Wäsche frisch gewaschen und gebügelt. Dazu meist liebe Zeilen mit guten Wünschen. Rollstühle, Gehhilfen, Brillen und manchmal Bargeld.

Oft sind die verschenkten Kleidungsstücke verpackt wie ein Geburtstagsgeschenk.

Die Spender sind froh, daß die Hilfsgüter direkt bei den Bedürftigen landen und nicht in einen Altkleider-Container kommen und dann kiloweise verkauft werden.

Pelzmäntel sind immer wieder dabei. In Deutschland außer Mode, in Lettland bei der strengen Kälte im Winter wie ein Geschenk des Himmels.

Irgendwann werden die Letten nicht mehr auf die Hilfen angewiesen sein. Aber noch ist Hochkonjunktur auf dem Feld der sozialen Arbeit.

Was sagen Polit-Strolche ihren Kindern?

Ich kenne Politiker, die sind wie die Straßen-Dirnen, verkaufen ihre Stimme auf einem Trödel-Markt. Einer dieser Strolche war der CDU-Bundestagsabgeordnete Julius Steiner. 50.000 D-Mark kassierte er von der Staatssicherheit der „DDR“ und stimmte bei der entscheidenden Wahl im Deutschen Bundestag für Willy Brandt – und nicht für den CDU-Kandidaten Rainer Barzel. Brandt wurde die zweifelhafte Ehre zuteil, durch die Gnade Erich Honeckers weiter Kanzler bleiben zu dürfen. Es dauerte aber nicht lange, und er mußte wegen des Spions Günter Guillaume zurücktreten.

Die Sozis glorifizierten das Votum für Brandt – in Wirklichkeit war es nichts anderes als ein mieses Ganovenstück.

Anfang der Neunziger
Nach der Wende ging ich nach Lettland, um mich um den von den Kommunisten gestohlenen väterlichen Besitz zu kümmern, und um zu sehen, ob einzelne meiner lettischen Verwandtschaft Sibirien überlebt hatten. Es konnte nicht anders kommen – ich griff massiv die lettischen Kommunisten an, die unter neutralem Namen in der Politik geblieben waren. Wendehälse. Der lettische Freiheitskämpfer Odisejs Kostanda überredete mich: „Joachim, kandidiere für das Parlament“. Schließlich stimmte ich zu – und wir traten zu den Wahlen an. Auf Anhieb 18 Prozent der Stimmen und damit zweitstärkste Partei. Ich war vorgesehen als stellvertretender Ministerpräsident und Minister für Wirtschaft und Soziales.

Durch eine Koalition kamen wir auf eine Stimme Mehrheit in der hundertköpfigen Volksvertretung. Erster Akt: Der kommunistische Parlamentspräsident, der auch eine Art Staatsoberhaupt war, wurde gekippt. Der Jubel war groß – die Siegessicherheit auch. Zweiter Akt: Wahl einer neuen Regierung. Ein Schock. Plötzlich fehlte uns eine Stimme. Aus der Traum.

Jahre später bekam ich heraus, daß ebenfalls für 50.000 D-Mark eine Stimme aus meiner Partei gekauft worden war. Das Geld kam aus Deutschland.

Ich galt mit meiner klaren politischen Haltung als „Störenfried". Ein Ex-Kommunist, der sich nun als „Liberaler" ausgab, war den Regierenden in Deutschland „genehmer".

Ich habe mir oft die Frage gestellt, was käufliche Politiker ihren Kindern sagen, und was sie für ein Selbstwertgefühl haben.

Interessant – gut 20 Jahre nach meinen lettischen Erlebnissen sammeln sich meine früheren Anhänger in Lettland erneut, um ins Parlament zu kommen. Sie werden es schaffen. Eine späte Genugtuung. Ich werde zwar nicht mehr aktiv mitmachen, aber alle denkbare Hilfestellung geben.

Ich kann mit der Krankheit leben

Mit Dauer-Müdigkeit fing es an. Abgeschlagen, ganz einfach ein Dauer-k.o. „Überarbeitet" sagten mir drei Ärzte. Ich machte Urlaub. Vier lange Wochen Madeira. Doch es wurde nicht besser. Die Ärzte konnten mir nicht helfen. Deutsche Klinik für Diagnostik in Wiesbaden. Es dauerte keine fünf Minuten – und ich hatte die Diagnose. Parkinson. Im ersten Moment dachte ich, daß die Welt untergeht. Die folgenden 6 Monate waren schlimm. Ich sonderte mich ab, ging Freunden und Mitarbeitern aus dem Weg.

Eine harte Zeit. Schließlich landete ich in der Kieler Uni-Klinik. Großartige Ärzte. Neue Medikamente. Neuer Lebensmut. Mir geht es gut. Ja, wirklich. Ich arbeite jeden Tag, gehe mit Freude ins Büro und spüre nur geringe Einschränkungen. Ich mache täglich eine halbe Stunde Sport, einschließlich Sprach-Übungen. Dazu gute Medikamente, die ein kleines Vermögen kosten – aber von der Krankenkasse bezahlt werden.

Die Krankheit verläuft bei jedem Patienten anders. Ich bin meinem Schöpfer dankbar, daß ich einen sehr gnädigen Verlauf habe und hoffe, daß er mich noch möglichst lange meine Arbeit auf Erden machen läßt.

Der schönste Beruf der Welt

Journalist – das war schon als Kind mein Traumberuf. Es fing an mit den Abenteuern des HÖRZU-Chefreporters in der Fernsehzeitung. Dazu das abenteuerliche Leben von Mecki.

Das Schreiben steckte mir schon als Kind in den Knochen. Tief beleidigt war ich, wenn ich im Aufsatz-Schreiben in der Schule nicht mindestens eine 2 Plus bekam.

Dann der erste Leserbrief. O, Mann. Wie stolz war ich. Nur wenige Zeilen über die abgestellten Fahrräder am Turmbläser-Brunnen am Bremer Dom. Das erste Mal der Name in der Zeitung. Dazu eine Zeichnung des Brunnens. Ich hielt die wenigen Zeilen über den Brunnen für ebenso wichtig wie den Leitartikel des Chef-Redakteurs über die Spannungen mit der Sowjetunion.

Bald erschien meine erste Schülerzeitung. Die war natürlich bedeutender als SPIEGEL, STERN und QUICK zusammen.

Glück hatte ich beim Militär. Obwohl lediglich Wehrpflichtiger, wurde ich in Lauda bei Tauberbischofsheim für die Öffentlichkeitsarbeit der Tauber-Franken-Kaserne eingesetzt.

Danach Volontariat in Bremen und schließlich Redaktionsleiter von BILD-Bremen.

Nach einem langen Ausflug in die Politik, wo ich im Auftrage Axel Springers der CDU und CSU als Wahlkampf-Feuerwehr half – mein Traum-Job – Chefreporter der HÖRZU: Zuständig für Politik, Wirtschaft und Ausland.

Ich bin jetzt 75 Jahre alt – noch immer glühe ich für meinen Beruf. Wie eine tiefe Liebesbeziehung. Ich stelle es mir ganz schrecklich vor, einen ungeliebten Beruf auszuüben. Ich habe eine handwerkliche Lehre als Schriftsetzer gemacht. Widerwillig. Am Montag hoffte ich schon immer, daß bald Freitag ist und damit Wochenende.

Und heute? Ich freue mich am Wochenende darauf, daß ich am Montag wieder arbeiten kann.

Ich danke Gott dafür, daß er mir die Gabe des Schreibens in die Wiege gelegt hat. Besonders glücklich bin ich darüber, daß ich mit meiner Schreiberei vielen Menschen in Not helfen darf.

Ich bin rundherum zufrieden – trotz meiner Parkinson-Erkrankung.

Das Besoffensein hatte einen Vorteil

Waren Sie schon einmal so richtig betrunken? Ich war es nur einmal in meinem Leben. Aber das habe ich nicht vergessen. Ganze 16 Jahre war ich alt, keine Ahnung von den Wirkungen des Alkohols. Geburtstagsfeier bei meinem Freund Peter Bartels in der Bremer Finkenau. Man hatte es darauf abgesehen, mich betrunken zu machen. „Du bist doch schon ein Mann, da kannst Du einiges vertragen“: Als wenn Saufen etwas mit Männlichkeit zu tun hat. Mit 16 war ich ohnehin noch mehr Kind als Mann.

Ich weiß nicht, wie viele Biere und Korn ich geschluckt hatte. Es muß sehr, sehr viel gewesen sein. Den Weg nach Hause fand ich nicht mehr allein. Peter half mir.

Ich glaube – das war eine Alkoholvergiftung. Zwei lange Tage konnte ich nicht leben noch sterben. Im Klartext – ich kotzte mir die Seele aus dem Leib. Ich war 21, als ich bei der Bundeswehr wieder das erste Bier trank. In meinem Beruf als Journalist gibt es viele, die übermäßig Alkohol trinken.

Zerrüttete Ehen und finanzielle Probleme. Die Erinnerung an Peters Geburtstag hat mich davor bewahrt.

Heimat verloren und nicht gern gesehen

„Willy tanz den Kindern Boogie-Woogie vor. Die Kinder wollen Boogie-Woogie sehen." Und der fünfjährige Willy aus Schlesien tanzte Boogie-Woogie. Mama sang dazu „Erst kommt das rechte Bein herein, dann kommt das rechte Bein heraus. Dann kommt das rechte Bein herein, und dann schütteln wir es aus. Dann kommt der Boogie-Woogie, und dann drehen wir uns um, und alle machen mit. Boogie-Woogie, Boogie-Woogie – und alle machen mit".

Die Kinder der Kieler Steinstraße tanzten mit. Mir war das zu blöd. Ich weigerte mich Boogie-Woogie zu tanzen und meinte nur „Wir sollten besser Verstecken spielen und nicht wie Doofe diesen amerikanischen Quatsch nachmachen."

Aber damit überzeugte ich niemanden. Die Kinder wollten vor allem Willy Boogie-Woogie tanzen sehen.

Erst später begriff ich, daß die Mutter von Willy mit diesem Tanz eine Art Anerkennung für ihren kleinen Sohn erhoffte. Es gehört nicht zu den besten Eigenschaften der Kriegs- und Nachkriegs-Generation. Aber Flüchtlinge aus dem deutschen Osten, dem Sudetenland oder aus Ungarn waren nicht besonders beliebt, galten als „Fremde", obwohl sie deutsch waren und auf der Flucht oft Schreckliches erlebt hatten. Ich erinnere mich noch, wie sie verspottet wurden „Früher hatten wir ein ganzes Gütel, heute nur noch ein Taschentüchel."

Die Wiedergutmachungs-Gesetze von Konrad Adenauer schufen auch Mißgunst und Neid. Die meisten Deutschen im Westen waren ausgebombt, hatten selber vieles verloren. Sie begriffen nicht immer, was es bedeutet, die Heimat zu verlieren.

Als Willys Eltern eine Wohnung in der Steinstraße 6 zugewiesen bekam, sagten die Nachbarn: „Dieses Flüchtlings-Pack bekommt eine Wohnung – und viele Deutsche müssen warten". Nicht selten das auf die Ost-Deutschen gemünzte Schimpfwort „Polen-Pack".

Rund 15 Millionen Flüchtlinge kamen in den Westen. Sie haben ganz wesentlich zum Aufbau Deutschlands beigetragen.

Dem Haus der Vertriebenen in Hamburg stifteten Die Deutschen Konservativen eine Bronze-Tafel, die flüchtende Menschen aus dem Osten zeigt.

Heute spielen die Vertriebenen-Verbände keine politische Rolle mehr. Aber sie haben Großartiges geleistet. Auch Willy und seine Familie.

Willys Papa war Bau-Ingenieur. Er baute mit an Tausenden neuer Wohnungen. Ein Gütel in Schlesien hatte er nicht. Aber ein kleines, stattlich aussehendes Familien-Haus. Die Mama von Willy zeigte gern davon ein Foto, wollte damit wohl sagen „Seht her. Wir haben im Osten wirklich einiges verloren."

Jeder bekam sein Fett weg

Jeder bekam von mir seinen Spitznamen. Frau Witte, unsere Nachbarin in Bremen, war das „Dackelchen“. Schwerer, etwas watscheliger Gang. Wie ein überfütterter Dackel. Mein Freund Manni Guse aus Kiel war das Hühnchen. Wie er zu diesem Namen kam? Ich habe es vergessen.

Soldat mit Grundausbildung in Pinneberg. 20-Kilometer-Marsch. Mit Ruß geschwärzte Gesichter. Bei dem dicken Günter Voß lief der Schweiß in Strömen. Schwarze Bächlein. Eine Mischung aus Schweiß und schwarzer Farbe von einem angebrannten Korken. Er bekam den Namen Sofie Brikett – und behielt ihn auch bis zum Ende der Grundausbildung.

Volker Schink. Die Natur hatte ihm dicke Muskeln beschert, war aber sehr, sehr sparsam bei der Größe des Gehirns. Umso größer war seine – entschuldigen Sie bitte – saudumme Klappe. Er bekam den Namen „Pettenpaul Zappi, das Bleßhuhn.“ Einfach so. Hörte sich ziemlich dämlich an. Deswegen paßte der Name auch so gut zu ihm.

Der dicke Hacki aus Finkenau in Bremen-Oslebshausen spielte Gitarre. Darauf war er mächtig stolz. Eine Gitarre hieß für ihn aber nicht Gitarre. Sie hieß Guitarre. Hörte sich wohl vornehmer an. Der Spitzname war schnell gefunden. Guitarren-Hacki. Da konnte er noch so gut singen „Junge, komm bald wieder“ und dazu spielen auf der Gitarre. Der Name Guitarren-Hacki verfolgte ihn bis ins hohe Alter.

Wenig freundlich war ich mit Lisa. Es war so – Lisa war eine Schlampe. Ihr kleines Reihenhäuschen war eine Rumpelkammer. Einen kleinen Hunde-Mischling hatte sie. Lisa ging immer im Sturmschritt, wenn sie durch die Finkenau raste. Der kleine Hund kam kaum mit. Wer ihr das sagte – der bekam die Antwort: „Iss das mein Hund oder iss das dein Hund?“ Natürlich war das Wort Schlampe eine saftige Beleidigung. Das sah ich aber nicht so eng – und bald war ihr neuer Familienname „Lisa-Schlampe“.

Eine Wahlkampfhelferin aus Lettland. Sie liebte Spanien und spanische Musik. Obwohl sie durch und durch nationale Lettin war, taufte ich sie auf den Namen Donna Rosita Rodrigez. Paßte gut.

Ich machte Wahlkampf für den niedersächsischen Ministerpräsidenten Ernst Albrecht. Ein Dauer-Lächler. Bald hatte er den Namen weg „Mona Lisa von der Leine“ – in Anlehnung an die immer lächelnde Dame von Leonardo da Vinci und das durch Hannover fließende Flüßlein Leine. Ehrenwort – das war nicht auf meinem Mist gewachsen, obwohl es eine niedersächsische Lokalzeitung behauptete.

Ein Junge aus der Finkenau trug immer zu große Hosen. Zack – hatte er den Namen Schlotter-Büx.

Petten-Paul Zappi, das Bleßhuhn, traf ich 30 Jahre später im Zirkus Sarrasani wieder. Er kehrte Elefanten-Mist zusammen. Er erkannte mich sofort – hob mich hoch wie eine Feder und brüllte über das ganze Zirkus-Gelände „Siiiieeegerist“.

„Du hast mich viel geärgert, warst aber trotzdem ein guter Kumpel.“ Er hat mir den Spitznamen nicht verübelt.

Es gibt medizinische Wunder

Als Kind habe ich die Lebensgeschichte von Helen Keller verschlungen. Sie wurde 1880 als gesundes Kind geboren, verlor dann aber durch Scharlach oder Hirnhautentzündung die Sehkraft und das Hören. Eine Tragödie für die Eltern. Eine gute Freundin entwickelte für sie eine erste Blindenschrift. Aus der Hoffnungslosigkeit entwickelte sich im Lauf der Jahre Stärke. Schließlich wurde Helen Keller eine bekannte Schriftstellerin und wurde Beraterin der amerikanischen Regierung für Blindenfragen.

Ich erinnere mich noch gut an einen älteren Herrn, der an den Seminaren der Konservativen teilnahm – ein Blinder. Bis zu seinem fünfzehnten Lebensjahr konnte er sehen. Die Ärzte konnten sich nicht erklären, weswegen bei ihm das Sehen immer schlechter wurde. Schließlich blind. Er lernte die Blindenschrift und verschlang Romane. „Blind geboren ist schlimmer als blind geworden" – sagte er und begründete das so: „Wenn man sehen konnte, dann weiß man was blau, rot oder grün bedeutet. Der Sternenhimmel, die Blumen, die Sonne und der aufgehende Mond. Das kann einem keiner nehmen. Es gibt Schlimmeres, als heute blind zu sein."

Baiba, meine Großnichte aus Lettland. Physiotherapeutin und Ärztin. Geburt der Tochter. Schon nach wenigen Tagen war klar – sie ist taub, kann absolut nichts hören. Wer nicht hören kann, der lernt auch nicht gut sprechen. Aber die Technik in der Medizin bewirkt heute wahre Wunder. Die Ärzte setzten dem Kind in einer aufwendigen Operation Hör-Implantate ein. Und wirklich – es funktionierte. Das Mädchen kann hören! 50.000 Euro kostete die OP. Doch die Krankenkasse übernahm die Kosten. Baiba war die glücklichste Frau der Welt, als ihre zweijährige Tochter das erste Mal laut und deutlich Mama sagte.

Es paßt nicht ganz zu dieser Geschichte – aber ich möchte es trotzdem schnell erzählen. Nach dem Zusammenbruch des Kommunismus kaufte ich meiner in Lettland lebenden Schwester Rita eine Brille. Sie war stark kurzsichtig. Plötzlich fing sie an zu weinen und sagte: „Ich habe nie zuvor gesehen, wie es aussieht, wenn sich die Bäume im Wind wiegen. Es ist wunderschön."

Da weinte Renate vor Rührung

Sie tat mir leid, Renate Mücke. Klassenkameradin. Sie hatte einen schlimmen Stiefvater. Der zwang sie, das ganze Jahr über in Gummistiefeln in die Schule zu gehen. Sommer, Winter. Immer Gummistiefel. Die Bekleidung holte er sich aus Containern des Roten Kreuzes. Klassenfahrten? Nie durfte sie mitfahren. „Zu teuer". Als zwei Klassenkameraden das Geld für Renate sammelten, sagte der Mann nur: „Renate kommt nicht mit. Dabei bleibt es."

In den Unterrichts-Pausen war Renate meist allein auf dem Schulhof. Immer ganz in der Ecke – dort, wo die Mülltonnen standen.

In den Pausen packten wir unsere Schulbrote aus und verdrückten sie. Renate hatte nie Schulbrot. „Gegessen wird nur zuhause" erklärte der Stiefvater. In der Adventszeit gab ich Renate einen großen Schokoladen-Nikolaus. Es war mir peinlich, daß sie zu weinen anfing.

„Muck, Muck, Muck, kleine, kleine Mucke. Wohnst dicht an der Brücke." Das war die Brücke am Kanal. Nicht die feinste Wohngegend. Dabei war der Stiefvater kein armer Mann. Als Schlosser-Meister verdiente er sicherlich nicht schlecht.

Hilfe von der Mutter? Nicht zu erwarten. Renate war kein Wunschkind – um es sehr, sehr milde zu formulieren.

Da war noch ein Junge, den der Stiefvater mit in die Ehe gebracht hatte. Oft schlug er Renate, und mehr als einmal kam sie mit verweintem Gesicht in den Unterricht.

Mehr als 40 Jahre nach der Schulentlassung traf ich Renate durch Zufall auf dem Bremer Wochenmarkt. Ein anderer Mensch. Sie war glücklich, hübsch gekleidet und strahlte über das ganze Gesicht. Aber sie bat mich sofort „Joachim. Nicht über die alten Zeiten sprechen. Ich bin mit einem lieben Mann glücklich verheiratet und habe drei prächtige Kinder, zwei Jungs und ein Mädchen."

Durch andere erfuhr ich, daß der Stiefvater bei einem Verkehrsunfall schwer verletzt und querschnittsgelähmt war. Er starb vier Jahre später. Zu seiner Beerdigung kam keiner.

Das waren Fehler

Kennen Sie das auch? In zunehmendem Alter ertappe ich mich immer wieder dabei, daß ich mir die Frage stelle „Was hast du falsch gemacht im Leben, was würdest du heute anders machen, wenn du noch einmal könntest?“

Zwei Sachen hängen noch heute zentnerschwer an mir. Ich hatte mich offen für die Freiheit des Hitler-Stellvertreters Rudolf Hess eingesetzt – gemeinsam mit Golo Mann.

Gola Mann wurde das nicht verübelt, mir ja. Meine Argumente gingen unter. Ich wollte lediglich, daß Hess nach rund 50 Jahren Haft die Gnade zuteilwerden sollte, im Kreis seiner Familie zu sterben. Das hörten meine Gegner nicht. Für sie war klar, daß ein Neo-Nazi eine Kampagne für einen Alt-Nazi machte. Der Papst hatte sich für die Freiheit von Rudolf Hess eingesetzt, sogar führende Sozialdemokraten.

Für mich war mein Hess-Einsatz beinahe das k.o.

Würde ich es heute noch einmal machen? Wer als Christ nicht vergeben kann, der ist kein echter Christ. An meiner Meinung hat sich nichts geändert.

Ein anderer Reinfall für mich war meine Kampagne gegen kriminelle Zigeuner. Eine saftige Geldstrafe und eine Gefängnis-Strafe auf Bewährung.

Es zählte nicht, daß ich verkrüppelte Zigeunerkinder aus rumänischen Waisenhäusern befreit hatte und in

Deutschland operieren ließ. Ich bekam den Stempel „Rassist“.

Heute würde ich vorsichtiger formulieren. Aber an den Fakten hat sich nichts geändert.

So ist mein Freund Odisejs

Sensibler Landsknecht mit Herz, Bildung und Mut. Das ist mein lettischer Freund Odisejs Kostanda. Er war es, der bei der Wende in Lettland die Barrikaden gegen sowjetische Panzer errichten ließ. Er war es, der den Kommunisten-Chef Rubiks verhaftete, und er war es, der mich in die lettische Politik holte.

Gemeinsam waren wir kaum zu schlagen. Grandioser Wahlerfolg. Es fehlte nur eine Stimme zur Regierungsbildung. Gekaufte Stimme. Was für ein Wahlkampf. Wir mobilisierten Tausende. Bei einem Feuerwerk zum Nationalfeiertag, wo Odisjes und ich sprachen, kamen mehr als 100.000 Menschen.

In schärfsten Worten klagte ich den Kommunismus an und lettische Politiker, die den roten Verbrechern gedient hatten und heute die Masche strickten „Wir waren ja nur dabei, um Schlimmeres zu verhindern."

Zum Beispiel Anatoly Gorbunovs. Er war KP-Chef von ganz Lettland. Ihm unterstand in dieser Funktion auch das berüchtigte KGB mit seinen Folterkellern im Zentrum der Hauptstadt Riga. Jetzt war er Parlaments-Präsident, nannte sich „christlich-liberal". Ihn bekämpfte ich als Symbolfigur. Vor der Wende gegen Gorbunovs? Undenkbar. Für mich als „Westler" war es normal, Kritik an einzelnen Personen zu üben. In Lettland schlugen die Wellen da noch hoch.

Jahre später traf ich mich mit Gorbunovs in meiner Rigaer Wohnung, und er sagt schmunzelnd: „Ich mochte manchmal nicht mehr in die Zeitung sehen – vielleicht schon wieder Siegerist-Attacke."

Unser Verhältnis besserte sich im Laufe der Jahre. Freunde wurden wir nicht. Aber es gab Schlimmere als ihn.

Unvergessen bleibt mir ein Wahlkampfauftritt in Latgalen. „Du mußt vor russischen Geschäftsleuten sprechen“ sagte Odisejs. Treffpunkt: Ein russischer Nachtclub, nicht von bestem Ruf.

Im Saal grell geschminkte russische Frauen in Pelzen. Die Männer – ausnahmslos schwarze Lederjacken, Stiernacken, Kugelköpfe. Die Unterwelt. Ich war wütend auf Odisejs, zischte ihn an: „Was soll ich denn diesen Ganoven sagen?“

Die Antwort kann nur der verstehen, der die Menschen im einstigen Ostblock kennt. Odisejs: „Ganz einfach, Joachim. Du sagst, daß wir sie bei einer Siegerist-Regierung leben lassen, wenn sie uns leben lassen.“

Es war das erstemal, daß ich zu viel Wodka trank – und reichlich von dem mir zugeschobenen Kaviar aß. Natalija, eine vollbusige Russin, die ein Auge auf mich geworfen hate, sagte laut und ungeniert: „Trink und iß Joachim. Du hast noch eine lange Nacht vor dir.“

Die Zustimmung für mich in Latgalen war seltsam. Ich hatte Plakate drucken lassen mit einem Bild Stalins.

Darunter die Zeile „Wer gar nicht wählt, wählt den.“ In lettischer Sprache. Alte Babuschkas knieten betend vor den Plakaten und legten Blumen nieder. Sie freuten sich über das Porträt von Väterchen Stalin und hielten mich für einen Stalinisten.

Als Sohn eines Letten und einer Deutschen lag und liegt mir der kleine Balten-Staat noch heute am Herzen. Aber noch einmal antreten? Das überlasse ich dem guten Odisejs, der 20 Jahre jünger ist. Aber ihm helfen – das werde ich mit Sicherheit. Ich habe in Lettland keinen besseren Freund.

Die Scheinheiligen

Nennen wir doch das Kind beim Namen. So gut wie kein deutscher Politiker glaubte an die Wiedervereinigung. Man hatte sich mit der Teilung abgefunden. Das ging in Stufen. Voll auf Kurs waren Anfang der Fünfziger noch alle. Von der SPD bis zur CSU. Da hieß es natürlich Sowjetische Besatzungszone (SBZ). Der SBZ folgte die „DDR" – natürlich in Anführungsstrichen. Der nächste Schritt war die „Ständige Vertretung" der DDR in Bonn und in Ost-Berlin. Dann von Strauß ein Milliarden-Kredit an Honeckers bankrottes Staatsgebilde.

Axel Springer blieb sich treu. Er ließ es in seinen Blättern bei der „DDR" in Anführungsstrichen. Auch Gerhard Löwenthal in seinem ZDF-Magazin hielt Kurs. Ich war immer fest vom Zusammenbruch des Kommunismus in der „DDR" überzeugt.

„Kalte Krieger" waren wir, als wir Anfang der Achtziger in der Bernauer Straße ein Loch in die Mauer schlugen und an jedem 17. Juni oder 13. August eine ungewöhnliche Kampagne starteten. Flugblätter an Tausenden Luftballons in die „DDR". Das tat den Unterdrückern weh. Sie setzten Hubschrauber ein, die durch den Wind der Rotorblätter die Ballons wieder in den Westen fliegen lassen sollten. Klappte aber nicht. Viele Menschen im Osten gingen – so sagten sie – zum „Pilzesuchen" in die Wälder. Ausrede für die Suche nach einem Flugblatt.

Großer Empfang von Erich Honecker in Bonn. Geehrt wie ein hoher Staatsgast. Die Konservative

Jugend demonstrierte. Antwort der Bundesregierung? Die jungen Demonstranten – ich auch – wurden so lange in ein Bonner Polizeigefängnis gesteckt, bis die Kniefall-Veranstaltung mit Honecker vorbei war.

Dann fiel die Mauer. US-Präsident Ronald Reagan hatte daran den größten Anteil und die bankrotte Sowjetunion. Aber plötzlich waren fast alle Bonner Politiker schon immer für die Wiedervereinigung gewesen. Ausgenommen Oskar Lafontaine und einige Linke.

So viele scheinheilige Politiker auf einmal habe ich nie wieder erlebt.

Er wollte doch nur Frau Holle spielen

Da kann ich mich nicht wieder sehen lassen. Ein kleines Hotel im Harz. Hahnenklee Bockswiese. Ein Wochenende im Januar. Tief verschneit. Traumhaft schön. Bei mir mein Schäferhund Flirt. Nie zuvor hatte er Schnee gesehen. Er tappte durch die verschneiten Wald-Wanderwege. Der glücklichste Hund der Welt.

Abendessen in einem in der Nähe gelegenen Restaurant. Ein Italiener. Für Hunde verboten. Kein Problem – dachte ich, ließ Flirt im Hotelzimmer zurück.

Das war nicht klug von mir. Nach einer guten Stunde kam ich zurück.

Du lieber Himmel. Flirt hatte das Federbett zerrissen. Die Federn überall im Zimmer. In der Matratze große Löcher. Protest, weil er allein zurückgelassen war? Die Hotelbesitzerin war stocksauer. 450 D-Mark mußte ich für den Hunde-Vandalismus blechen. Aber ich nahm es meinem vierbeinigen Freund nicht übel. Er hatte mich durch weite Strecken meiner Kindheit begleitet, war mein bester Freund.

Jahre später war ich wieder in Hahnenklee. Um das Hotel von damals machte ich einen großen Bogen. Ich bin sicher: Dort bin ich kein besonders gern gesehener Gast.

Dabei wollte Flirt doch auch nur einmal Frau Holle spielen.

Es sieht traurig aus

Heute unvorstellbar. In den Siebzigern nicht ungewöhnlich im deutschen Journalismus.

Ewald Struwe, Chefredakteur der BILD am SONNTAG, legte 40.000 D-Mark auf den Tisch und sagte dem Redakteur und dem Fotografen: „Nimm das Geld, und fahr irgendwo hin. Aber bringe gute Geschichten mit. Dann kommt das Geld durch den Verkauf des Blattes dick wieder rein".

Ähnlich war es beim STERN, der HÖRZU oder dem SPIEGEL. Goldene Zeiten des Journalismus. Vorbei. Das Internet regiert bei der schreibenden Zunft. Was früher durch harte Recherchen-Arbeit entstand .... ein kurzer Blick ins Internet genügt.

Mich erinnert das immer an die Stickerei kostbarer Tischdecken auf Madeira. Irgendwann bekamen sie Konkurrenz durch billige China-Importe. Aber die Qualität? Welten lagen dazwischen.

So wie im Journalismus. Abgeschrieben im Internet oder selber recherchiert. Merken es nur die Journalisten der alten Schule? Artikel mit Fleisch und Blut – die sucht man im Internet vergeblich. Aber gesunkene Auflagen und harter Sparzwang machen ein Zurück zum Journalismus unmöglich. 40.000 D-Mark – so eben auf den Schreibtisch gelegt – das ist heute undenkbar.

Die Auflagen sinken, das Geld wird knapp. Journalisten werden nicht mehr so gut bezahlt wie früher.

Dazu kommt: Gesinnungs-Journalismus steht vor Recherche, vor Sorgfalt.

Bei der „Recherche" im Internet schreibt einer vom anderen ab. Die Blätter werden langweilig.

Der Reiz der Vielfalt ist dahin.

Ob man sie leiden konnte oder nicht. Was hatten wir für Journalisten bis in die Achtziger. Henry Nannen vom STERN, Peter Boenisch und Günther Prinz von BILD, Gräfin Dönhoff von der ZEIT, Peter Bachér von der HÖRZU und BILD am SONNTAG, Rudolf Augstein vom SPIEGEL. Sie können lange nachdenken, Ihnen wird auch nicht ein gleichwertiger Name einfallen.

Es sieht nicht gut aus im deutschen Journalismus.

In dieser Bruchbude war ich Gott näher

Gegensätzlicher können diese beiden Bilder nicht sein. Ein erbärmliches Kirchlein in Togo – gebaut aus Palmholz, das Dach gedeckt von Palmblättern. Togo. Einst deutsche Kolonie. Die Deutschen sind dort beliebt. Kein Togolese will etwas hören von „bösen deutschen Kolonialherren". Der Pfarrer des Kirchleins ein Einheimischer. In Deutschland hat er Theologie studiert, um den Glauben in seiner Heimat zu verbreiten. Daneben ein Foto vom Petersdom.

Das windschiefe Gotteshaus ist immer gut besucht. Zu den Sonntags-Gottesdiensten kommen mehr als 100 Gläubige. Sie passen nicht alle in das Kirchlein, lauschen der über Lautsprecher nach außen übertragener Predigt. Die Gemeinde wächst. Der Pfarrer hat viel zu tun.

In ganz Afrika wachsen christliche Gemeinden. Macht Not gläubiger?

In Europa bluten die christlichen Gemeinden aus. Die katholischen weniger als die evangelischen. Aber schlimm ist es bei beiden. Nach dem Krieg war die Not in Deutschland groß. Der Glaube auch. Kardinal Frings aus Köln oder Bischof von Galen aus Münster. Volkshelden. Die Kirchen rappelvoll. Auch beim evangelischen Bischof Dibelius aus Berlin.

Tatsache ist, daß viele Menschen, denen es gutgeht, Gott vergessen. In der Not bitten sie den Herrgott um Hilfe. Im Überfluß wird die religiöse Flamme auf klein geschaltet.

Wo war ich selber Gott näher? In dem erbärmlichen Kirchlein nahe der togolesischen Hauptstadt Lomé oder im Petersdom? Ich liebe den prächtigen Petersdom sehr, habe dort gebetet und an Gottesdiensten mit drei Päpsten teilgenommen. Aber Gott näher? Das war in Togo.

Ich hau Dir den Kopp ab

Opa Witte war einer unserer Nachbarn. Er lebte für seinen Kleingarten, sein Gärtchen vor und hinter dem Haus und für seinen Papagei Lorchen. Über 80 Jahre alt – wie Opa Witte fest behauptete. Er liebte Lorchen. Dabei war Lorchen ein kleines Miststück. „Streichel Lorchen, streichel Lorchen" sagte er in seinem Käfig, wenn Besuch kam. Und wer immer der Bitte nachkam – es gab einen kräftigen Hieb mit dem festen Schnabel. Und Opa Witte hatte sein Vergnügen. Mit dem Ball spielende Kinder – die haßte er. Der Ball konnte ja in seinem Vorgarten landen. Die Tulpen! Und landete der Ball tatsächlich im Garten – dann flötete Opa Witte zuckersüß: „Komm, mein Kind, hol dir den Ball!" Wehe, wer darauf hörte. Kaum war das Kind im Garten – Opa Witte spuckte es wie aus einer Fontäne mit durchgekautem, braunen Priem-Kautabak von oben bis unten an.

Opa Witte haßte Kinder – meine Geschwister und mich ausgenommen. Aber das lag wohl auch daran, daß er bei einem Kleinkrieg gegen uns den Kürzeren gezogen hätte.

Eines Tages hatte Opa Witte Kinderbesuch. Eine Großnichte seiner Frau, der ich wegen ihres watscheligen Gangs den Namen „Dackelchen" gegeben hatte. Stolz verkündete Opa Witte „Das ist ein mutiges Mädchen. Die heult nicht bei jeder Kleinigkeit und hat keine Angst".

Es wäre besser gewesen, ich hätte das mit meinen 12 Jahren nicht gehört. Ich zog mir einen Perlonstrumpf meiner Mutter über den Kopf, schnappte mir die Axt und lief laut brüllend auf den Hof und brüllte, so laut ich konnte: „Ich hau Dir den Kopp ab“.

Wie ein geölter Blitz zischte das Keine-Angst-habende Kind ins Haus und versteckte sich hinter dem mannshohen Käfig von Lorchen. Dackelchen und Opa Witte sagte sie zum Glück aber nichts. Die wunderten sich nur darüber, daß die Kleine plötzlich lieber im Haus als im Garten spielte.

Dieser Brief rettete Leben

Ein einziger Brief hat das Leben von Menschen gerettet. Corona in Rumänien. Sehr, sehr oft tödlicher Verlauf. Es gibt kaum lebensrettende Beatmungsgeräte. „Menschen in Not" bekam aus dem siebenbürgischen Hermannstadt in Rumänien einen deutschen SOS-Ruf. „Hier sterben Menschen einen entsetzlichen Erstickungstod. Es fehlen Beatmungsgeräte".

Joachim Siegerist schrieb folgenden Bittbrief an die Freunde von „Menschen in Not", dem Hilfsverein der Deutschen Konservativen e.V.:

„Ersticken – das ist ein schrecklicher Tod. Verzweifelt versucht man, Luft zu schnappen. Immer wieder. Vergeblich. Der Todeskampf kann Stunden dauern, manchmal Tage.

Rumänien. Die Ärzte sind machtlos. Corona. Und es gibt keine Beatmungsgeräte. Die wenigen, die da sind, brauchen andere Patienten.

Der Arzt muß entscheiden – „der darf leben, der muß sterben." Eine schreckliche Entscheidung. Und dann die Verwandten des Kranken. Natürlich ist ihnen das Leben ihres Familienmitgliedes am wichtigsten. Ein Patient ist 25, ein anderer fast 80. Warnend flehen sie die Ärzte an. Aber ist es nicht furchtbar, wenn der Arzt sagen muß: „Der 80jährige muß sterben" .... ?

Die Welt hat Geld für alle möglichen Dinge. Waffen, Alkohol, überflüssigen Klimbim. Milliarden-Beträge für Raketen, die zum Mars fliegen sollen. Aber es ist kein Geld da für Sauerstoffgeräte. So ist die Situation in rumänischen Altenheimen und Krankenhäusern.

Dabei zeigt sich: Um zu helfen, müssen es nicht immer gleich die unglaublich teuren, komplizierten Beatmungsgeräte sein, die nur auf Intensivstationen von Fachpersonal bedient werden können. „Unseren Bewohnern und Patienten wäre auch schon mit einfachen Sauerstoffkonzentratoren gedient“, sagt Ortrun Rhein, Leiterin des evangelischen deutschen Altenheims in Hermannstadt (Sibiu) mit angeschlossenen Hospizen für Erwachsene und Kinder. Diese Geräte sind mobil, können also zum Bett gebracht oder auch für einen Spaziergang mitgenommen werden. Und sie sind kinderleicht zu bedienen. Sie pumpen fünf Liter Sauerstoff pro Minute in die Lunge der Patienten. „Für weniger schwere Covid-19-Fälle ist das unglaublich hilfreich, weil die angegriffenen Lungen unterstützt werden“, sagt Ortrun Rhein. Möglicherweise können die Geräte, früh angewendet, sogar schwerere Verläufe verhindern helfen. Und wenn Patienten stark betroffen sind, muß das Krankenhaus sie aus Platzmangel entlassen, lange bevor die Lungenfunktion wieder normal ist. Dann setzt im Altenheim oder Hospiz die Sauerstofftherapie ein – mit den Atemgeräten.

Ortrun Rhein hat derzeit im Hospiz gerade mal sechs alte, reparierte Geräte für 13 Zimmer zur Verfügung. Vom Altenheim ganz zu schweigen – „Wir müssen mit den wenigen Geräten ständig jonglieren, um die dringendsten Fälle abzufangen“, sagt sie. Diese lebensrettenden wichtigen Apparate stellt die Firma Philips her. Sie kosten stolze 700 Euro pro Gerät.

Wir haben uns vorgenommen, dem Altenheim und Hospiz insgesamt zehn neue Sauerstoffgeräte zu schenken. 7000 Euro. Ich weiß, das ist viel Geld. Aber ein Menschenleben zählt mehr als Geld.

Bitte helfen Sie uns dabei. Es ist „Not am Mann".

Soweit der Brief. Ich bin immer wieder glücklich, wenn ich sehe, daß unsere Förderer großes Vertrauen in meine Arbeit haben und mich nie hängen lassen.

Dieser Rundbrief hat 15.000 Euro eingebracht. Davon konnten die Beatmungsgeräte bezahlt werden und etliche Medikamente und drei neue Rollstühle.

Ortrun Rhein: „Diese Hilfen aus Deutschland haben im Laufe der Jahre etliche Menschenleben gerettet."

In deutschen Zeitungen werden die Hilfen der Konservativen verschwiegen.

Konservativ und sozial. Das paßt nicht in die von Ideologie zerfressenen Hirne der Linken.